貧困・外国人世帯の子どもへの包括的支援

地域・学校・行政の挑戦

柏木智子・武井哲郎 編著

晃洋書房

は じ め に

本書は，この世に生まれてきたすべての子どもが，生まれてきてよかった，生きるのが楽しい，とても幸せだ，と感じられる社会づくりについて描くものである。

近年，多様な子どもたちがさまざまな場面で困難を抱えていることが明らかにされつつある。その中でも，貧困状態にある子どもは，経済的困窮による物質的不利にとどまらない「不利の複合性」(岩田 2008：21) と称される問題を抱えていると指摘されている。そうした研究が進められる中で見出されつつあるのは，マイノリティに位置づけられる子どもたちの多くが同様の問題を抱えている点である。たとえば，性的マイノリティの子ども，外国にルーツをもつ子ども，発達障害の子どもなどである。そうした子どもの中には，不利の複合性だけではなく，マイノリティとしての立場の複合性 (たとえば，貧困状態にあり，かつ外国にルーツをもつなど) から，大きな問題を抱えてしまっている子どももいる。また，一見，何事もなく過ごしているように見える子どもであっても，内面では押しつぶされそうになりながら生きている場合もある。

こうした子どもたちに共通する問題は，学校や地域，あるいは家庭という日常を過ごす場で何らかの排除を受けている点にある。排除とは，物質的・文化的・関係的剥奪のなかでも，特に「人と人，人と社会との「関係」に着目した概念」(阿部 2011：93) である。すなわち，金銭的・物品的な「資源の不足をきっかけに，社会における仕組み (たとえば，社会保険や町内会など) から脱落し，人間関係が希薄になり，…(略)…社会の中心から，外へ外へと追い出され，社会の周縁に押しやられる」(阿部 2011：93) 事態を意味すると述べられている。このような排除を受けた子どもたちは，総じて，居心地が悪く，のけ者にされている感覚をもち，自分はこの場にいない方がいいと思うようになる。また，自分の思ったことや考えたことを誰にも聞いてもらえないし，言ったところでバカにされるだけだと，他者を信頼することもままならない状態に陥りがちである (青砥 2009)。その結果，無難に過ごそうとして意見を押し殺す方向へと向かうか，間違えた発散の仕方をしてしまうかは，子どもによって異なるものの，かれらの根底にあるのは，生まれてこなければよかった，自分には価値が

ないという自己否定であるとされる。これは，自己排除とも呼ばれる状態である。

　子どもたちのこうした問題に目を向け，支援をしようと試みる人々は増えている。このことは，たとえば子ども食堂や学習支援事業の増加に示される。子ども食堂は，2019年6月時点で3700か所を超え（NPO法人全国こども食堂支援センター・むすびえ 2019），その後も増え続けている。学習支援事業数を正確に示したデータは見当たらないが，生活困窮者自立支援法の中で学習支援事業への助成が規定されていたり，文部科学省の推進する地域未来塾の今年度における設置目標が全国5000か所であったりする。これらから，学習支援事業も増加傾向にあると推察される。また，地方自治体による支援も少しずつではあるが広がりつつある（内閣府 2018）。

　本書は，こうした支援の一部を報告するものではありながら，以下の問題関心をもって，支援のあり方を検討しようとするものである。一つ目は，子どもの複合的困難に焦点をあて，食事の提供や夕刻の学習支援にとどまらない総合的な生活支援の模索である。二つ目は，行政や学校という公的セクターと市民による支援の検討である。二つ目に関しては，次の点を読み取っていただけるように描写することを心がけている。それは，複合的困難を抱える子どもへの支援に関わる公的セクターが，あらゆる子どもをとりこぼさないようにするにはどうしたらいいのかという支援の制度設計にかかわる点である。また，格差社会や分断社会を乗り越えようとする市民による草の根の支援をいかに広げていくのかというボトムアップによる支援構想の実現にかかわる点である。本書では，これらを踏まえつつ，すべての子どもを包摂する学校内外の多様な支援を包括的支援と称している。

　本書における包括的支援の議論の特徴は，上記二点に関するもので，子どもへの福祉的観点からの支援に限らず，教育的観点からの支援を含め，子どもの日常生活を総合的に捉えようとするところにある。加えて，支援のためのアクターとして，子どもにかかわる多様な人々を捉えながら，ガバナンスや共助による社会形成が求められる昨今における，公的アクターの責任と役割を問うところにある。これらを通して見出される支援のあり方や議論の内容は，困難を抱える子どもを包摂する，公正な社会づくりに資するものであると考えている。

　本書の構成は以下の通りである。第1章では，困難を抱える子どもの実態と社会的排除の構造について論じた上で，本書の目的について述べる。第2章で

は，本書の目的を達成するためのいくつかの視点について，幸福を求める現代社会における制度と現実のずれ，人と人とのつながりの意義と課題から理論的に検討する。続く第3章から第6章が子どもへの支援の実践を具体的に描くものとなる。第3・4章では学校と教育行政の，第5章では地域における取り組みについて，実践者が報告する。第6章では，地域における取り組みへの行政支援の分析を通じて，公的セクターの責任や役割と，官民協働のメリットについて検討する。

　これらを通じて，本書が幸せな社会づくりのための一助となれば幸いである。

文献

阿部彩（2011）『弱者の居場所がない社会——貧困・格差と社会的包摂』講談社。

青砥恭（2009）『ドキュメント高校中退——いま，貧困がうまれる場所』筑摩書房。

岩田正美（2008）『社会的排除——参加の欠如・不確かな帰属』有斐閣。

NPO法人全国こども食堂支援センター・むすびえ https://musubie.org/news/993，最終閲覧日：2019年10月2日。

内閣府（2018）『国及び地方公共団体による「子供の居場所づくり」を支援する施策調べについて』https://www8.cao.go.jp/kodomonohinkon/shien/pdf/about.pdf

（柏木智子）

目　　次

第Ⅰ部

子どもの複合的困難と支援のあり方を考える

【理論編】

第1章　困難を抱える子どもの実態と社会的排除の構造

第1節　進行する格差の拡大と困難の顕在化

　長く一億総中流社会などと称されてきた日本の社会であるが，現代に生きる子どもたちの生活は，多様化の様相を深めていると言われている。それは，実際にさまざまな「格差」が拡大しつつあるということであり，また以前より存在した「格差」が問題として社会的に認知された（社会的に構築された）ということでもある。後者について言えば，たとえば障害のある子どもや性的マイノリティの子どもは以前より一定数存在しており，今日急激に増えてきたわけではないが，これまで取り沙汰されてこなかった子どもの多様性に注目が集まるようになった結果，かれらの困難に焦点が当てられるようになってきたのである。

　また，ここには発想の転換も見られる。すなわち障害のある子どもが困難を抱えるのはその子に問題があるからなのではなく，子どもの障害を困難として顕在化させる社会の方に問題があると考える人々が増えてきている。たとえば，段差があって車椅子で校内をスムーズに移動できないのは，その子の責任ではなく，学校環境の問題であるというようにである。同様に，性的マイノリティの子どもが学校生活で困難を抱えるのは，学校のルールに合わせられないその子に問題があるのではなく，困難を生じさせる学校のルールに問題があるというようにである。困難の原因は子ども個人に帰属するというよりも，かれらを取り巻く社会環境にあるという考え方である。

　ただし，こうした考え方の普及とそれに伴う社会構造や環境の改善が進んでいるとはいいがたい状況にある。それゆえ，かれらの困難が縮小しないというのが現在の実情であろう。今でも主流となっている考え方は学校や社会の枠組みに子どもたちを合わせようとする適応に重点を置くものである。そして，子どもたちは，その過程で困難を抱え，それを増幅させ，それゆえに学校や社会

から排除される道をたどっていると言える。もちろん，適応を不必要なものだと言っているのではない。人間が社会に生まれ，社会化される過程でその社会に適応することは一定程度必要である。しかし，一人ひとり異なる人間を想定すると，適応の内容や程度についての吟味が必要であり，個人の多様なニーズへの対応から社会のあり方を変えていく視点も必要であるということである。

　本章ではまず，どのような社会背景を持つ子どもたちがどのような困難を抱えているのかについての現状を確認し（第2節），困難を顕在化させる現代の学校，社会のあり方を検討したい（第3節，第4節）。最後に，現代の学校や社会が変容する可能性と本書の目的を述べたい（第5節）。

第2節　子どもたちはどのような困難を抱えているのか

　本節では，子どもたちが生活の中でどのような困難を抱えているのかを貧困，外国にルーツをもつこと，性的マイノリティ，障害に焦点を当てて示していく。

1　子どもの貧困

　困難を抱える子どもを考える際，まず取り上げられるべきは「子どもの貧困」であろう。子どもの貧困は，経済的困窮だけでなく複合的な困難を呼び込むものであり，後に述べる外国人にルーツをもつ子ども，性的マリノリティの子ども，障害を持つ子どもなどが抱える個別的な困難を増幅させるものである。

　子どもの貧困は，ここ10年ほどの間に注目されるようになった問題である。

　厚生労働省「平成28年 国民生活基礎調査の概況」によると，日本の子どもの相対的貧困率は13.9％であり，約七人に一人の子どもが貧困状態にあるとされる。この数値は，前回の2012年時点の16.3％よりは改善しているものの1985年の10.9％からすると高い水準にあると言える。

　なかでも子どもがいる現役世帯（世帯主が18歳以上65歳未満）のうち母子世帯などの「大人が一人」の世帯員の相対的貧困率は50.8％と非常に高い。実に二人に一人の「単親」世帯の子どもが貧困状態にあるわけである。

　ここでいう相対的貧困率とは，等価可処分所得の中央値の半分を「貧困線」とし，それに満たない世帯員の割合を示すものである。食べ物がない，住むところがないといった人間として最低限の生存を維持することが困難な状態をさす「絶対的貧困」に対し，相対的貧困は，ある社会（ここでは日本）において

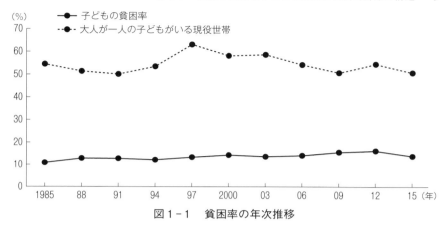

図1-1　貧困率の年次推移

出典：厚生労働省「平成28年 国民生活基礎調査の概況」より筆者作成

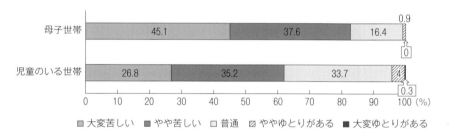

図1-2　暮らしむきについての意識

出典：厚生労働省「平成28年 国民生活基礎調査の概況」より筆者作成

「人並み」の文化的生活を送ることが困難な状態を意味している。たとえば，高校進学が当たり前となった中で，経済的な理由でそれをあきらめなければならなかったり，いつも同じ服を着なければならなかったりするような生活である。

　また，同調査では，「生活意識」についても聞いており，「児童のいる世帯」の62.0％が苦しい（大変苦しい＋やや苦しい）と回答している。母子世帯に至っては，82.7％が苦しいと回答しており，生活に困窮している世帯が非常に多いことが分かる。

2　増幅する困難

　貧困は，経済的な問題を超えて，さまざまな不利と結びつくことが指摘され

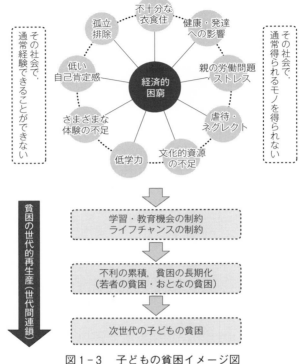

図1-3　子どもの貧困イメージ図

出典：松本伊智朗ほか編（2016）『子どもの貧困ハンドブック』

ている。具体的には，「基本的な生活習慣である衣食住，いのち・健康を守るための医療，時間的・心理的なゆとり，余暇活動・遊びにおける多様な体験，適切な養育・学習環境など」（松本ほか編 2016）のさまざまな局面において，貧困が影を落としているとされる。また，人間形成時期として重要な子ども期に複合的な不利をこうむることで，学習・教育の機会が制約され，成長を促すさまざまな支援を受けることができず，低学力や低い自己肯定感の状態に陥り，ライフチャンスに恵まれないことになる。そのため，大人になっても貧困から抜け出すことができず，「貧困の世代的再生産」が生じる恐れが高くなるという（図1-3）。

　こうした子どもの複合的な困難の背景には，保護者の抱える複合的な困難が

あるとこれまでの研究は指摘する（阿部 2014，下野新聞子どもの希望取材班 2015）。たとえば，経済的な困窮によって，保護者の（生活の）不安感がつのり，ストレスを増幅させてしまったり，薄給で長時間労働に従事することを保護者に余儀なくさせ，保護者は，心身ともに疲れきってしまう。そうした保護者の中には，子どもと接する時間の余裕をもてなかったり，時に子どもに厳しく接してしまったりする保護者もいる。また，お金も時間の余裕もないために，子どもたちにさまざまな体験をさせることも，勉強を見てやることも，塾や習い事に行かせることもできなかったりする。結果として，子どもは低学力に陥ったり，そもそも学校に行けなくなったりする。また，自己の価値や生きる意味を見出しにくくなったりする場合もある。このような低学力や低い自己肯定感と経済的困窮が重なり，高校進学や卒業，あるいは大学進学が困難になったりする。こうした背景的要因や困難の実態について，いくつか確認できるデータを紹介しよう。

（1）高校進学率・進学先・中退率

「平成30年度子供の貧困の状況及び子供の貧困対策の実施状況」（内閣府 2019）によると，生活保護世帯の子どもの高校等進学率は93.7％であり，全世帯の99.0％に比べ低くなっている（表1-1a）。生活保護世帯の高校進学率が低いことに関して，中嶋（2013）は，①高等学校等進学に伴う経済的負担，②入学試験での失敗，③就労による収入増の必要など，経済的困窮に起因する事柄があると指摘している。

なお，高校等進学の内訳をみると，全日制が67.2％（全体91.2％），定時制が10.5％（同1.8％），通信制7.3％（同2.5％）となっている。また，特別支援学校高等部が7.1％（同1.9％）で，貧困と子どもの障害との関連性をうかがわせる数値となっている。

高校等中退は，全体が1.3％であるのに対し，生活保護世帯では4.1％と高くなっている（表1-1b）。大学等進学率では，全世帯が72.9％であるのに対し，生活保護世帯では36.0％とかなり低い数値となっている。

（2）学力と非認知能力

相対的貧困状態の子どもたちだけを対象とした学力状況を把握する研究はないが，世帯収入と学力，保護者の学歴と学力に大きな相関があることはよく知られている。「平成25年度全国学力・学習状況調査（きめ細かい調査）」では，世

表1-1a　生活保護世帯の子どもの高等学校等進学率

	生活保護世帯	全世帯
全体	93.7%	99.0%
全日制	67.2%	91.2%
定時制	10.5%	1.8%
通信制	7.3%	2.5%
特別支援学校高等部	7.1%	1.9%

出典：内閣府（2019）

表1-1b　生活保護世帯の子どもの高等学校等中退率と大学等進学率

	生活保護世帯	全世帯
高等学校等中退率	4.1%	1.3%
大学等進学率	36.0%	72.9%

出典：内閣府（2019）

帯所得が低いほど国語と算数の正答率が低いとの結果が得られている（表1-2）（浜野 2014）。

　また，テストで測ることのできる学力に加え，近年注目されている「非認知能力」にも貧困の影響が見られる。非認知能力は，「自制心」「やり抜く力」「人とうまくかかわる力」などの学力以外の能力の総称である。幼児期から非認知能力を育むことで，特に恵まれない家庭の子どもに「高学歴」，「高所得」，「高い持ち家率」，「低い逮捕者率」など望ましい効用があると指摘されている（ヘックマン 2013＝2015）。日本財団（2018）が，大阪府箕面市で行った調査によると，貧困状態にある子どもは，非認知能力が低い傾向にあり，特に「家族への相談」（「悲しいことや困ったことがあった時に家の人に相談できるか」），「頑張っていることの有無」（「べんきょう，スポーツ，習いごと，しゅみなどで，がんばっていることがあるか」），「朝食をとる習慣」（「朝ご飯を，毎日食べていますか」）について小学校低学年時点ですでに大きな格差が存在する（「家族に相談できるか」に関する結果のみ図1-4に示す）。そして，貧困状態であっても学力が高い子どもは，非認知能力が高い傾向にあることも示されている。なお，「家族への相談」や「朝食をとる習慣」は，子どもの置かれた環境要因と考えることもできるが，本調査では，それらは「困ったときに相談できる能力」，「朝食を毎日とることにあらわれる生活を整える能力」としての非認知能力と理解されている。

表1-2　世帯収入と学力の関係

	小6					中3				
	国語A	国語B	算数A	算数B	%	国語A	国語B	数学A	数学B	%
200万円未満	53.0	39.0	67.2	45.7	6.7	69.1	58.6	51.5	30.0	7.5
200万円～300万円	56.8	42.7	70.4	50.8	8.2	71.2	60.9	55.2	33.1	8.6
300万円～400万円	58.4	45.0	73.6	53.3	12.6	73.9	63.4	58.4	35.5	11.8
400万円～500万円	60.6	47.0	75.1	56.2	14.9	74.8	65.2	60.6	37.9	13.3
500万円～600万円	62.7	48.8	77.6	57.9	14.0	76.6	67.6	63.6	40.4	13.7
600万円～700万円	64.8	52.5	80.1	61.3	11.9	77.6	69.2	66.6	43.5	12.1
700万円～800万円	64.9	52.4	79.7	62.2	10.4	78.7	70.9	68.6	46.6	10.2
800万円～900万円	69.6	57.6	83.2	66.0	6.3	79.7	71.8	69.6	48.1	7.0
900万円～1000万円	69.3	55.1	82.7	66.4	5.0	80.9	73.3	71.6	49.9	5.5
1000万円～1200万円	69.6	55.5	83.9	67.9	5.3	81.8	73.9	72.8	52.6	6.0
1200万円～1500万円	70.8	59.4	84.5	67.1	2.6	83.0	75.8	75.1	54.7	2.8
1500万円以上	75.5	61.5	85.6	71.5	2.1	81.8	75.9	73.4	53.4	1.4
合計	62.8	49.5	77.2	58.5	100.0	76.3	67.3	63.5	41.4	100.0

出典：浜野（2014：40）

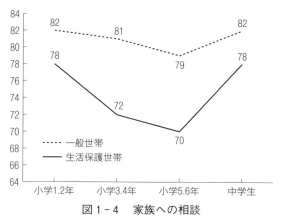

図1-4　家族への相談

出典：日本財団（2018）

（3）朝食

　その他，経済的困窮と子どもの抱える困難との関連実態については，たとえば阿部（2008）に詳しく，詳細はそちらをご覧いただきたいが，ここでは，後

表1-3　朝食を毎日食べている子どもの割合（小6）

朝食を毎日食べる	全世帯	非貧困	貧困	二人親	母子世帯	父子世帯	親不在世帯
している	90.4	91.3	83.8	91.6	83.0	87.7	75.0
どちらかといえば	6.4	5.9	9.9	5.7	10.4	8.7	16.5
あまりしていない	3.2	2.8	6.3	2.7	6.6	3.5	8.5

出典：卯月・末冨（2015：129-130）

　章にもつながる点として，学習支援のみならず，なぜ生活支援が求められるのかについてデータから示しておきたい。

　貧困家庭の子どもは朝食の欠食が多く（表1-3），それが疲労感の自覚や体調不良感に結び付いていたり，自尊感情や自己効力感の低さと関連しているとの指摘がある（卯月・末冨 2015）。また，食品群別摂取量では乳製品・果物・魚が少なく，肉類・ソフトドリンクが多く，栄養素摂取量ではカルシウム・ビタミンD・たんぱく質エネルギー比率が少なく炭水化物エネルギー比率が高いといった特徴があると指摘されている（村山・山本 2013）。

　朝食は生活のごく一部であるが，こうした結果は，衣食住にかかわる必要最低限の生活保障が子どもの学力のみならず，自尊感情や自己肯定感の向上，あるいは健康にとっていかに重要性かを示すものである。

　こうした子どもの貧困状況を改善するために2013年6月に子どもの貧困対策推進法が成立し，翌2014年に施行された。同法をうけて作成された「子供の貧困対策に関する大綱」では「貧困の世代間連鎖の解消と積極的な人材育成を目指す」との基本方針が立てられ，保護者の学び直し，親や子供の就労支援，ひとり親家庭への支援，奨学金の拡充，スクールソーシャルワーカー（以下，SSW）の増員，子供の学習支援，民間資金を活用した子供支援基金の創設など約40項目が重点政策として挙げられた。また子どもの貧困の改善状況を貧困率，進学率，ひとり親家庭の親の就業率など25の指標を使って検証することとなった。子どもの貧困対策推進法は，2019年6月に改訂され，「将来」に向けた学習支援に加え，「現在」の生活や家計への支援にも力点を置くことが明記された。これを踏まえ，子供の貧困対策に関する大綱も2019年11月に改訂され，貧困状況の改善を測る指標に「公共料金の未払い経験」など家庭の現状を示す指標を追加し，指標は39項目に増えている。

3　外国にルーツをもつ子ども

　外国人労働者の受け入れが進み，その子どもたちの受け入れが問題となってきている。まず問題なのが，不就学である。外国籍の保護者には子どもに日本の教育を受けさせる義務がなく，また地方自治体でも就学にむけた働きかけに温度差があり，少なくない子どもたちが不就学の状態にある。2019年7月に発表された文部科学省の調査によると，日本に住む義務教育相当年齢の外国籍児12万4049人（小学生相当8万7164人，中学生相当3万6885人）のうち，15.8％に当たる1万9654人に，国公私立校や外国人学校などに在籍していない不就学の可能性があるという（文部科学省 2019a）。就学案内を外国人の住民登録の際に行っている地方公共団体の割合は83.6％で，16.3％は行っていない。行っている場合でも，「就学希望の有無にかかわらず，すべての者に修学に関する説明を行っている」のは，半数の51.4％に過ぎない。しばしば外国籍の子どもたちに日本の教育を受ける権利はないという声が聞かれるが，子どもの権利の観点からみても，教育を受ける権利は国籍に関わらず保障されており（「経済的，社会的及び文化的権利に関する国際規約（A規約）」，「子どもの権利条約」），また外国籍の子どもたちが日本に定住し社会を構成する一員となっていくことを考えても，不就学状態の子どもをなくすことは，喫緊の課題であると言えるだろう。

　次に就学中の子どもたちにとっての大きな困難と考えられているのが，言語の問題である。文部科学省（2019b）の「日本語指導が必要な児童生徒の受入状況調査」（2018年度）によると，日本語指導が必要な児童生徒は，小中高等合わせて5万759人，うち外国籍の児童生徒は4万485人（9万3133人中）で年々増加している。日本語指導などで特別な指導を受けている割合は，外国籍で79.3％，日本国籍で74.4％である。このうち，一部の教科を在籍学級以外の教室で行うなどの「特別な教育課程」による日本語指導を受けている割合は，外国籍で59.8％，日本国籍で56.4％に留まっている。

　また日本語指導の必要な児童生徒の母語が多様化するとともに，そうした児童生徒の在籍する学校が多く散在化していることが指摘されている。そのため，それぞれの母語に応じた個別支援が求められるものの，学校や教育行政ともになかなか対応しきれていない様子がうかがえる。日本語に困難があれば，教科学習に困難をきたすだけでなく，クラスのメンバーとのコミュニケーションも難しくなり，友人関係を構築し安心できる「居場所」を確保するのも大変である。また，日常会話を行うための生活言語としての日本語力を獲得しても，思

考に必要な抽象的な語彙や学習言語の習得が思うように進まず，低学力に悩まされることも少なくない。

　言語以外にも，文化の問題が挙げられる。子どもの日本での生活が長くなると，日本文化や社会に必要以上に適応しようとする傾向がみられる。そのため子どもが保護者以上に日本語力を身につけると日本語を流暢に話すことのできない保護者を恥ずかしく感じたり，保護者を誇りに思う気持ちが育ちにくくなったりする。そうすると，母語を肯定的に捉え維持する意欲や，アイデンティティの拠り所を失ったりする状況に陥る場合がある。また，日本の社会，学校の規範と自国のそれとの違いの間で葛藤が起きることも少なくない。アクセサリーやピアスが禁止されたり，持参できる飲料はお茶や水に限られたりするなど，日本の学校には多くの制約がある。母国で当たり前にしてきた行動が日本の学校では逸脱した行為とみなされ，指導の対象となったりすることもある。その結果，子どもたちは自信を無くしたり，母文化に対する誇りを失ったりしてしまう。

進路の問題

　外国籍児童生徒の高校進学率に関する正確なデータは今のところ見当たらないが，鍛冶（2017）によると，外国籍の親と暮らす子どもの高校在学率は，韓国・朝鮮籍が97％，中国籍が90％，ブラジル籍が77％，フィリピン籍が77％，ペルー籍が84％となるという。また，高校進学後についてみると，中退率が9.6％（全高校生等が1.3％），大学等への進学率が42.2％（同71.1％），就職者における非正規就職率が40.0％（同4.3％），進学も就職もしていない者の率が18.2％（同6.7％）と厳しい数値が並んでいる（「日本語指導が必要な児童生徒の受入状況調査」（2018年度））。

　これらから，外国籍児童生徒の高校進学やその後の進路に課題があると言える。ただし，外国籍児童生徒の高校進学にあたり，何らかの方策を立てている都道府県は限られている。文部科学省「平成30年度公立高等学校入学者選抜の改善等に関する状況調査」では，公立高等学校の入学者選抜において外国人生徒の特別定員枠を設定しているのが14都道府県，試験教科軽減を設定しているのが11府県，学科試験をすべて免除しているのが3道県に留まっていることが示されている。

4　性的マイノリティ

　見た目による男・女とは異なる性を生きる人々への認知度が高まっている。最近よく耳にする言葉としては，LGBT がある。LGBT は，L＝レズビアン（女性同性愛者），G＝ゲイ（男性同性愛者），B＝バイセクシュアル（両性愛者），T＝トランスジェンダー（生まれたときの性別とこころの性別が一致せず違和感を持つ人）の頭文字をとり作られた総称語で，セクシュアル・マイノリティ（性的少数者）とも言われる（遠藤 2016）。人間の性は，生物学的な性（からだの性），性自認（こころの性），性的指向（どの性別に恋愛感情や性的関心を持つか）の三つの要素の組み合わせから考えることができるとされるが，実際には，LGBT と言う言葉では表せないほど，多様な性のあり方が存在するとされる。

　文部科学省は，2015年4月30日に「性同一性障害に係る児童生徒に対するきめ細かな対応の実施等について」を通知し，性同一性障害に係る児童生徒だけでなくいわゆる「性的マイノリティ」とされる児童生徒全般に対するきめ細かな対応を実施するための具体的な配慮事項をまとめた。その後2016年4月に，その具体的な対応の一指標として，教職員向け周知資料パンフレット「性同一性障害や性的指向・性自認に係る，児童生徒に対するきめ細かな対応等の実施について」を配布した。そのなかで，学校生活の各場面における支援として「参考とされたいこと」として**表1-4**のような事例が挙げられている。

　ただし，これらの対応には，一般的な男・女のカテゴリーから外れていることを「隠す」ことで，性的マイノリティの子どもたちを支援しようとするものがほとんどで，ありのままの自分の性のあり方を認めるものではないものが多い。そのため，この支援の例からもわかるように，性的マイノリティの子どもたちの困難は，男女の区別が顕在化するときに増幅されるという。土肥（2015）は，学校のなかで行われる性別分化とトランスジェンダー生徒の持つジェンダー葛藤について，幼児教育から小学校低学年段階では，「学校と保護者の共同作業としての性別分化」が，高学年では男女を区別する制度的な側面に加え「生徒間の相互行為」が，さらに中等教育段階では「制服に代表される制度的な性別分化」がジェンダー葛藤を強める要因となることを指摘している。つまり，学校は，社会がつくる男らしさ／女らしさを反映し，子どもたちを社会化しようとするし，性的マイノリティの排除を生み出してしまうのである。

　そのため，性的マイノリティの子どもたちは，クラスの人間関係においても困難を抱えることが多い。民間団体「いのちリスペクト。ホワイトリボン・

表1-4　学校生活における具体的な支援事例

項目	学校における支援の事例
服装	自認する性別の制服・衣服や，体操着の着用を認める
髪型	標準より長い髪型を一定の範囲で認める（戸籍上男性）
更衣室	保健室・多目的トイレ等の利用を認める
トイレ	職員トイレ・多目的トイレの利用を認める
呼称の工夫	校内文書（通知表を含む）を児童生徒が希望する呼称で記す 自認する性別として名簿上扱う
授業	体育又は保健体育において別メニューを設定する
水泳	上半身が隠れる水着の着用を認める（戸籍上男性） 補習として別日に実施，又はレポート提出で代替する
運動部の活動	自認する性別に係る活動への参加を認める
修学旅行等	１人部屋の使用を認める 入浴時間をずらす

出典：文部科学省「性同一性障害に係る児童生徒に対するきめ細かな対応の実施等について」（平成27年4月30日児童生徒課長通知）の別紙より

キャンペーン」が実施した「LGBTの学校生活調査」(2014) では，LGBT当事者の68％が，学校生活において「いじめ」を受けた経験があると答えている。その内容は，身体的暴力・言葉による暴力・性的な暴力・無視・仲間外し等が挙げられている。また，トランスジェンダーの男子が被害のハイリスク層であることも指摘されている。その結果として，自己に対する他者からの承認を得られずに自己肯定感が低くなったり，不登校に陥ったり，自死を選んだりする場合もある。

5　障害を持つ子ども

『障害者白書』（平成31年度版）によると，2017年5月1日現在，特別支援学校及び小・中学校の特別支援学級の在籍者並びに通級による指導を受けている幼児児童生徒の総数は約49万人となっており，増加傾向にある。このうち義務教育段階の児童生徒は，全体の約4.2％に当たる約41万7000人である。

　全ての国民が，障害の有無によって分け隔てられることなく，相互に人格と個性を尊重し合いながら共生する社会の実現に向け，障害を理由とする差別の解消を推進することを目的として，2013年6月「障害を理由とする差別の解消の推進に関する法律」（通称「障害者差別解消法」）が制定され，2016年4月1日か

ら施行された。この法律では，国や自治体等の役所や会社や商店などの事業者が障害のある人に対する不当な差別的取り扱いを行うことを禁止するとともに，障害のある人から，社会の中にあるバリアを取り除くために何らかの対応を必要としているとの意思が伝えられたときに，負担が重すぎない範囲で対応すること（事業者に対しては，対応に努めること）を求めており，それを「合理的配慮」と称している。

　障害者白書では，「障害のある子供については，その能力や可能性を最大限に伸ばし，自立や社会参加に必要な力を培うため，一人一人の教育的ニーズに応じ，多様な学びの場において適切な指導を行うとともに，必要な支援を行う必要がある」としている。障害の有無で子どもたちを分離して教育を行うのではなく，できるだけ共に学ぶなかで個々のニーズに応じようとするのが，基本方針となっている。そのために行われるのが「通級指導」である。通級指導は，「小・中学校及び高等学校の通常の学級に在籍する障害のある児童生徒に対して，ほとんどの授業（主として各教科などの指導）を通常の学級で行いながら，一部の授業について障害に基づく種々の困難の改善・克服に必要な特別の指導を特別の場で行う指導形態」であり，対象とする障害種は，「言語障害，自閉症，情緒障害，弱視，難聴，LD，ADHD，肢体不自由及び病弱・身体虚弱」とされている。また，「特別支援教育は，発達障害も含めて，特別な支援を必要とする子供が在籍する全ての学校において実施されるものであり，通常の学級に在籍する障害のある児童生徒に対しても，合理的配慮の提供を行いながら，必要な支援を行う必要がある」とされており，いわゆるユニバーサルデザインの学校づくり，授業づくりが求められているところである。

　障害のある子どもの困難は，その障害種や障害の程度によってさまざまであるが，共通して言えることもある。それは，学習や他者とのコミュニケーションにおいて困難を抱えやすく，結果として，学校や類する場で疎外感を感じやすかったり，自己肯定感を持ちにくかったり，生きづらさを抱えたりしやすいということである。

6　子どもたちはどんな困難を抱えているのか

　上記から，貧困，外国にルーツをもつこと，性的マイノリティ，障害といった多様な社会背景を持つ子どもたちは，学校生活でさまざまな困難を抱えていることがわかる。第一に学業面で，文化的資源に恵まれなかったり，日本語が

分からなかったり，発達に課題があったりすることで低学力に陥るリスクが高まる。第二に生活面でも集団から浮きやすく孤立し，いじめにあったり，自尊感情や自己肯定感が低くなる恐れがある。日本と文化が異なったり，主流の男らしさ／女らしさの枠組みから外れることで，学校に「居場所」がなく，学校から排除された状態になる。その結果，第三に進路選択が狭められ，大学進学率が低くなったり安定した就労が困難になったりする。第四に，子ども期から大人期までを通じて，他者から認められる経験が少なく，他者とお互いに認め合ったり信頼し合ったりする人間関係の構築も難しく，自分を価値ある存在だと思えたり，生きている意味があると感じたりできずに，社会からも排除された状態になる。これらの困難は，一人に一つ現れるというよりも，相互に関連し合いながら複合的困難として現れやすい。

さらに，貧困と外国にルーツをもつこと，貧困と障害といった複数の不利な社会背景が重なると，そうした困難は増幅される。たとえ外国にルーツをもつ子どもであっても，経済的に余裕がある家庭の場合は，お金で困難を軽減することができる面も少なくない。しかし，貧困家庭では，日本語力や文化的差異によって生じる困難を克服することができず，貧困からくる不利と重なって過酷な状態に追い込まれてしまう。お金も頼る人もなく，学校からも社会からも排除されるリスクが非常に高いのである。また，軽度の発達障害が，貧困による不安定な生活や親の不十分な養育により重度化する場合もある。このように，貧困とその他の要因が，あるいは，外国にルーツをもつことと性的マイノリティといったその他の要因が絡み合うことで，子どもの置かれた状況がより厳しいものになっていくのである。

では，なぜそんな困難が生じてしまうのか。次節以降では，個人の能力不足や努力不足といった「自己責任論」ではなく，学校という場所の特性，現代社会の構造から子どもたちの困難を考えていきたい。

第3節　排除する学校

前節では貧困，外国にルーツをもつこと，性的マイノリティ，障害といった社会的排除のリスクの高い社会的属性ごとに子どもたちの困難を説明してきた。本節では，学校という場所の特性から子どもたちの困難を理解し，その困難を縮小するため手掛かりを探りたい。

1 「生まれ」にかかわらず評価されるメリトクラシーの原理

　私たちが普段思い浮かべる学校は，「近代学校」とよばれ，日本では明治以降に発達したものである。それ以前のいわゆる身分社会においても学校は存在したが，すべての子どもが共通の教育を受けるようになるのは，1872年に発布された日本初の教育制度と言われる「学制」以降のことである。

　近代学校は，それ以前の学校と異なり，各家庭から子どもたちを一か所に集めて教育を施し，それまでは地域社会が多くを担ってきた「一人前」に育て上げ社会に送り出していく「社会化」の役割を果たすようになった。それは，学校教育を通して人々の社会的地位が決定されるという（親の地位を受け継ぐ身分社会にはなかった）「配分」の機能を持っていることを意味している。この機能は，学校を通じて社会の平等化を促進しようとするものであり，本人の努力と能力を重視する社会の形成に寄与するものであると信じられてきた。つまり，子どもは社会的属性によって評価されるのではなく，どれほど貧しい家庭に生まれたとしても，生まれつきの能力に恵まれ，努力を惜しまなかった結果，良い成績を取ったものが良い仕事に就くことができ，逆にいかに家庭に恵まれていようとも本人が良い成績を取れないのであれば望んだ職に就くことはできず，「何ができるか」によって評価される。これを「メリトクラシー」（業績主義）の原理と呼んでいる。

　したがって，学校は，教育の機会を全ての子どもに平等に保障しているし，教師も子どもたちを平等に扱おうとしていると信じられてきた。そして，結果としてある子は高い学力を獲得し，ある子はそうではないその要因は，その子ども自身の能力もしくは努力の問題にあると考えられてきたのである。実際に，日本の高度経済成長期には，多くの子どもたちが努力をして親よりも高い学歴を積み，より収入の高い仕事に就くことができた。そのため，貧しい家庭出身でも学校で頑張れば，よい仕事に就くことができると考えられたのである。

2 不平等を再生産する学校

　このように，メリトクラシーの原理を特徴とする近代社会において，学校は本人の努力と能力次第で将来を切り拓くことを保障する場であると信じられてきた。しかし，実際には学校は，社会の不平等を反映しその不平等を再生産する装置であることを再生産の理論は私たちに示してきた。再生産とは，教育を通じて親の地位を子どもが受け継ぐことを意味している。

　英国の教育社会学者バーンステイン（1977＝1981）は，この再生産を言語に着目して明らかにした。バーンステインは，中産階級と労働者階級の子どもにある絵（遊んでいて誤って窓ガラスを割ったという４枚の一連の絵）を見せ，その絵のストーリーを語らせた。すると，中産階級の子どもは，「３人の男の子がフットボールをしています。１人の男の子がボールを蹴り，それが窓へと飛び込み，窓ガラスを割ります」と答え，労働者階級の子どもは，「彼らはフットボールをしています。彼がそれを蹴り，それがそこに飛び込み，それがガラスを割ります」と答えた。バーンステインによれば，中産階級の子どもは，文脈に依存しない普遍主義的な言語表現をしており，絵がなくてもストーリーがわかる「精密コード」を用いているという。他方，労働者階級の子どもは，指示語が多いなど仲間内でしか通用しない言語表現をしており，絵を見ている時にしかストーリーがわからない「制限コード」を用いているという。そして，中産階級は，状況に応じて両方のコードを操作するが，労働者階級の子どもは「制限コード」のみに馴染んでおり，学校教育においては「精密コード」の使用が推奨されるため，学業達成に格差が生まれると述べる。家庭の言語様式と学校教育の言語様式のギャップが，特定の社会集団に対して有利／不利に働いているのである。

　また，ボウルズ・ギンタス（1976＝2008）は，学校は，社会の民主化や平等化を担う装置というよりも，経済の社会関係との対応関係を通じて経済的不平等を再生産し，人格的役割をゆがめる働きをしているとされる。具体的には，学校教育は，知能テストや学力テスト，カウンセリングやガイダンスによって子どもを分化させることによって，学校外の階級分化を学校内に再現してきたという。つまり，企業のエリートに求められる指導者的性格（創造性，独立意識……）と一般スタッフに要求される追随的性格（ルールを守る，我慢強さ……）は，教育制度のレベルに対応しているというのである。

　さらに，コリンズ（1979＝1984）は，学校は知識よりも，「特定身分の文化」を教えるところであると主張する。学校は，「語彙，抑揚，衣服のスタイル，審美眼，価値，作法」を教えることで，社会の支配的位置を占める集団が自分たちの文化を再生産するために次世代を社会化していく装置であると捉えている。

　こうした再生産の理論は，家族の文化が劣っているとか，欠陥があるといった「文化的剥奪論」に類似しているようにも見える。しかし，文化的剥奪論が

問題を家族にあるとみなすのに対し，文化的再生産論は，不平等を増幅させる要因は学校内部にあると考えており，中立に見える学校教育の権力性，マイノリティを排除する構造を告発しているのである。

3　捨象される社会的属性と台頭するペアレントクラシー

　上記再生産論を参照すると，学校教育の成果である学業達成と家庭背景は関係があり，実際には特定の社会的属性を持った子どもにとって学校は有利であったり不利であったりすることがわかる。日本の研究においても，これと同様のことが指摘されてきた。たとえば，池田（1987）は，同和地区の児童生徒の学力問題を論じるなかで，学校教育が子どもたちの文化的差異を考慮することはめったになく，たとえば子どもたちの使用する地域独特な言語を否定的に捉えていることを明らかにした。そして，そうした教師たちの言動が，結果として子どもたちに劣等感を植え付け，かれらを学校から排除していく点について論じている。

　加えて，日本の教師には，子どもたちの社会経済文化的背景を見ないことにすることが平等であるという考え方があるとされる（若槻 2015）。そのため，生徒を家庭背景や成育歴によって「特別扱いしない」日本の学校文化の中では，学校や教師から「貧困層」の子どもたちが特別に処遇されることはないこと，他の生徒との差異（貧困）が顕在化しそうになるとそれを隠そうとする支援が行われることにより，貧困が見えにくくなる点が明らかにされている（盛満2011）。西田（2012）は，これらを踏まえた上で，「貧困・生活不安定層の子どもたちに必要なサポートを提供せず，教室場面で疎外的な経験を強い，早期に学校からはなれていくことを放置する，あるいは押し出す存在」としての教師について論じている。

　このように，これまでの日本の学校教育は，総じて子どもたちの社会経済文化的背景から目をそらす傾向にあったと言える。それは学校現場で子どもに接する教職員一人ひとりだけでなく，教育行政のレベルにおいても同じである。日本の学校では，子どもの社会経済文化的背景を理由に特別な対応をすることはほとんどなかったと言えるだろう。

　こうした状況に加えて，21世紀に入る前後から，日本社会は市場化の度合いを強め，教育の領域でも規制緩和や自由化が促され学校選択や特色ある学校づくり，塾などの民間セクターの流入が進んできた。この動向は教育に関心があ

り経済的に余裕のある保護者や子どもたちからすると，以前の「画一的」な教育ではなく「よい」教育を選択することができる自由の拡大として受け止められている。しかしイギリスの教育学者ブラウン（2005）によれば，こうした社会においては，メリトクラシーがペアレントクラシーに変容するという。ペアレントクラシーとは，親の経済力と子どもへの教育期待が，教育の選択を促し，子どもの業績に大きな影響を及ぼす事態を示している。業績をめぐる競争（メリトクラシー）は，機会の平等が確保されてこそ，人々の支持を得ることができる。しかし，ペアレントクラシーは経済的に不平等な状態で，競争が行われていることを浮かび上がらせているのである。

　このように学校教育の場には，平等なメリトクラシーの原理によって運営されているように見えて，実はさまざまな形で不平等が埋め込まれている。ここでもう一つ指摘しておきたいのは，仮に純粋なメリトクラシーが実現しても，問題は解決しないということである。たとえば教育にかかる私的費用を縮減するなどし，教育の機会を平等にしても，それ自体は結果の平等を保障しない。生得の才能に恵まれなかった子どもは純粋なメリトクラシーのなかで落ちこぼれていくだろうし，その結果社会から排除されるリスクを抱えることになるからである。したがって，機会の平等だけでなく結果の平等をめざすのであれば，学校は低学力や人間関係に問題を抱えた子どもたちが一定の学びを習得し，社会に参加できるよう，積極的に支援することが求められる。しかしながら，そのためには学校に加え，学校を取り囲む社会という視点が必要となる。以下では，その点について述べる。

第4節　学校だけではどうにもならない
──社会的包摂の必要性──

　ギデンズやベック，バウマンといった社会学者たちは，現代社会を「近代」が徹底されたことにより生じた「後期近代」として捉えている。ここには，合理性を邪魔するものの払拭，すなわち経済の伝統的，政治的，倫理的，文化的束縛からの自由といった近代の原理により，古い伝統から個人が解放される一方，私たちがいかに生きるべきかという指針は以前より不明確になっているという時代認識がある。

　「液状化する近代」という表現で後期近代を説明するバウマン（2000＝2001）によれば，近代化が進むことで私たちは自らを規定する階級，階層，家族，民

族，男女の性差など，あらゆる集団的属性から解放されてきた。その結果現れてきた液状化する近代は，「同じ近代でも個人，私中心の近代であり，範型と形式を作る重い任務は個人の双肩にかかり，作るのに失敗した場合も，責任は個人だけに帰せられる。そして，今，相互依存の範型と形式が溶解される順番をむかえている。それらは過去に例が無いほど，また，想像を絶するほど柔軟になっている」という。このことは，以前であれば，自分が何者であるのかといったことは，自分が帰属する社会的属性から述べることができたが，今日それは自らの責任で獲得しなければならないことを意味する。つまり，「『個人化』は，アイデンティティを，「あたえられるもの」から「獲得するもの」に変え，人間にその獲得の責任，獲得に伴って生じる（あるいは，付随する）結果の責任を負わせることからなる」，いわば「強制的自己決定の時代」に入ったのである。

　幸せな生き方であるとか，大人になるということも以前であれば自明のことであった。日本においては長らく，学校を卒業し新規集団採用により就職することが一人前の大人＝社会人になるターニング・ポイントであった。また結婚することで新たな家庭を作り出した。こうした関係は生涯続く安定したものであると考えられてきた。しかし，1990年代に日本を襲ったバブル景気崩壊後，この学校を卒業し就職し（定年まで同じ仕事を続け），結婚し子をもうけ，育てるというモデル＝ライフコースが急激に影響力を失ってきた。婚姻関係や仕事といった生涯続くと思われていた関係もいつ「契約解除」されるかわからない不安定なものになってきており，私たち一人ひとりの生活の不確実性，将来の見通しの悪さは増すばかりである。私たちは，個人化が徹底された時代に生きているのだ。

　近代化が進むにしたがって，人々はさまざまなしがらみから逃れ，自由に生きることができるようになったように見えるが，実は自由を謳歌するための基盤が掘り崩されている。バウマンは，このことを「液状化する近代」という言葉で表現しているのである。

　「近代の徹底」により，福祉国家は新自由主義国家に変わり，私たちに自律や自助を求めてくるようになった。私たちの生活を支えていた社会の諸制度は弱体化し，代わりに勢力を増しているのは私たち一人ひとりに「消費」を促す，また職を与えたり奪ったりするグローバルな企業体である。多様な生き方を追求する「自由」は，実は制度的な社会の支えや身近な人と人とのつながりが

あってのことだったのであり，それを脅かす国家やグローバルな企業体に個人で対抗していかねばならない状況におかれている。

　さらにそうした自己決定は，あらゆる人に平等に開かれているわけではない。「個人化」のリスクは，社会経済的格差に応じて不平等に分配されており，私たち一人ひとりの置かれた社会的条件によって，自己実現の可能性は偏って配分されている。生まれた「身分」にかかわらず自己実現できるというのが近代の理想であったと思われるが，後期近代においては，「生まれ」が再び大きな影響力を持つようになっているのである。

　本章の後半では，学校教育に焦点を当て，その排除性を指摘し，子どもたちの社会的背景を考慮に入れ，かれらの困難を軽減し包摂する学校のあり方を考えなければならないことを指摘した。しかし，いま述べたように，人生に明確なルートを見出せず，いつ社会から抜け落ちるかわからないリスクを抱える後期近代の社会に住む私たちは，学校だけでなく，社会全体で排除を防ぐ包摂の仕組みを考えていかなければならないのである。そこで，本書の第3章以降では，そうした包摂の試みにより，子どもたちの困難が軽減されうることを具体的に示していくのだが，その前に，排除に抗する可能性について，理論的に述べておきたい。

第5節　排除に抗する可能性

1　排除に抗する学校の可能性

　すでに述べてきた通り，学校は学校外の不平等を再生産し，所与の社会体制を維持する装置として機能している。しかしながら，学校は社会に「民主主義」を広げる役割を果たすものとして構想することもできる。たとえば，アップル（1985＝1992）は，学校の自律性を確保する役割を教師に期待している。そして，教師は，国家の官僚組織の末端の一員として，政府もしくはマジョリティ集団に「都合のよい」若者を育成することもできるし，これからの社会を「よりよく」創造していく市民を育成することもできると指摘する。また，アップルは，「現実世界を常に社会の底辺を生きる人々の立ち位置から眺め，彼らが置かれた抑圧的な諸条件を再生産するイデオロギー的・制度的プロセスや形態に抵抗しなければならない」（アップル 2009：11）と述べ，学校教育を通じて社会のあり方を問いなおし，変革を促すことを教師に求めている（アップ

ル＆ビーン　2007 = 2013）。

　再生産論者の一人，ブルデュー（ブルデュー＆パスロン　1985 = 1997）も，学校における文化的不平等を減少させる「合理的教育学」の確立を主張している。合理的教育学とは，子どもの社会的差異を無視するのではなく，文化的不平等が社会構造に起源をもつことを理解し，またそれを縮減させようとする教育学のことである。

　日本においても，部落差別を例にとると，多くの教師，学校が被差別部落に関する誤った認識を改め，差別の解消，人権文化の創造につとめてきた歴史がある。学校はマイノリティ集団や個々の子どもたちのニーズに応答的な場にもなりうるし，社会の不平等を問うていく場にもなるのである。

2　排除に抗するための教育的観点

　次に，排除に抗するための教育的観点について整理する。ガート・ビースタ（ビースタ　2010 = 2016）は，教育の機能を「資格化」，「社会化」，「主体化」の三つにまとめている。「資格化」とは，知識や技能の獲得を意味し，教科指導の側面を表す。「社会化」は，秩序との一体化，すなわち社会に適応する規範，ふるまいを身につける生徒指導的な側面を表す。「主体化」は，秩序の一体化だけでなく，個人の多様性や自由を尊重し，既存の秩序からの独立，秩序を編みかえていく側面を表す。

　ビースタによると，これらのうちのいずれかが強すぎると負の作用が生じるという。

　資格化が強すぎると，社会秩序の維持・改良ができなくなり，自分さえよければいいという悪い意味での「個人主義」が台頭する，社会化が強すぎると，今ある社会でうまくやっていくための教科学習（暗記と反復学習による）と秩序からはみ出すマイノリティを排除する恐れがある，主体化が強すぎると，勉強できないのも個性の一つなどと言って格差が正当化されたり，どんな価値観も認められるなどと言って社会自体が成り立たなくなったりするといったようにである。教育は，資格化，社会化，主体化がバランスよくそろってこそ機能するのである。

　しかしながら，今日の学校教育の実情にかんがみると，主体化の教育が非常に弱く，ゆえに多様な子どもたちの個性や社会背景が捨象されやすいといえる。それが子どもたちが学校教育から排除され，さらには社会から排除されるリス

| 資格化：知識や技能の獲得 |
| 社会化：秩序との一体化 |
| 主体化：秩序からの独立 |

図1-5 教育の3要素

出典：ビースタ（2016：35-37）

クを高めることにつながっていると考えられる。ビース
タ（2010＝2016：112-113）は，教育は人間の自由に関
心を持つべきであり，子どもや移民等の「新参者」が
既存の社会的，文化的，政治的な秩序にはめ込まれる
時に，かれらが何らかの方法でそのような秩序からの
独立も手に入れるという筋道に教育が何の関心もないならば，教育は非教育的
になると述べる。ビースタは，新参者が存在できる空間や場所を学校内に，ま
た学校外に用意することが教育的な応答責任であり，正常であるとされる秩序
に対しても，それを中断する可能性を開き続けることを「中断の教育学」と呼
び，マイノリティとの対話を重視している。

　LGBTを例に挙げると，先に述べたように文部科学省は，教職員向けの手
引きを発行し，性的マイノリティの子どもたちにどのように対応したらいいの
かといったマニュアル的な情報を提供している。しかしながら，そこには，そ
もそも教師や子どもたちが自分の性のあり方を問い直すとか，マイノリティ対
マジョリティの関係をどう捉えるかといった視点はない。現在の文科省の通知
の仕方としては，学校の中の秩序をあくまで男と女で分けた上で，そのマイノ
リティの子どもたちが困らないような配慮をしなさいうことになっている。た
とえば，服装については，自認する性別の制服や衣服や体操着の着用を認める
「配慮」をするとされているが，そもそも制服が男女別々であることは疑問視
されない。髪型も戸籍上の男性に限って，標準よりも長い髪型を一定の範囲で
認めるとあるが，男女で髪の長さの校則が違うことを全く疑ってないわけであ
る。主体化を教育の一側面として志向するのであれば，学校がもつ枠組み自体
を，さらに社会がもつ枠組み自体を再考することが求められるだろう。

3　本書の目的

　子どもたちが「主体化」や多様性が尊重された中で学び育つためには，学校
教育だけでなく，学校外の人々，組織の力が不可欠である。学校の資源には限
りがあり，多様な子どもたちのニーズに応じるには限界もある。多様な専門性
や経験，資源を持った地域住民や行政組織とともに子どもたちを支えることで
学校が安心して成長できる場所になるだろう。また，学校に居場所がなくても
地域社会の中に安心できる居場所があれば，排除されるリスクは低くなるだろ
う。

さらに，学校で子どもの意見が尊重され，多様な社会背景が大切にされたとしても，家庭や地域社会で子どもが抑圧されたり，差別的なまなざしを受けることはしばしばあることだろう。たとえば，外国人の子どもが，地域の祭などの行事に参加できなかったり，心無い言葉を投げかけられたりするかもしれない。それは学校外のさまざまな経験や多様な大人との交流の機会を奪われることを意味している。そのため，社会全体が，多様な背景を持つ子どもたちを包摂し，支援するような場所にならなければならないだろう。

　そこで，本書では，複合的困難を抱える子どもに対する学校，地域社会，行政による多様な支援を包括的支援と称し，そのあり方を明らかにすることを目的とする。その際の支援の対象は子どもだけでなく，保護者も含まれる。なぜなら，子どもの困難は，保護者に起因するところも大きく，保護者への就労支援や日本語の支援，医療的ケアなど多面的な支援があって子どもの生活基盤が確保されるためである。

注

1）所得から税金や社会保険料などを差し引いた残りの手取り収入，つまり自分の意思で使えるのが可分所得である。等価可処分所得は，世帯の可処分所得を世帯人数の平方根で割ったものである。

文献

阿部彩（2008）『子どもの貧困――日本の不公平を考える』岩波書店。

阿部彩（2014）『子どもの貧困Ⅱ――解決策を考える』岩波書店。

Apple, M. W.（1985）*Education and Power.*（＝1992，浅沼茂・松下晴彦訳『教育と権力』日本エディタースクール出版部。）

アップル，マイケル・W. ＆ オー，ウェイン（2009）"Politics, Theory, and Reality in Critical Pedagogy," 高山敬太訳「批判的教育学の政治，理論，現実」マイケル・W・アップル，ジェフ・ウィッティ，長尾彰夫編著『批判的教育学と公教育の再生』明石書店。

Apple, Michael W. & Beane, James A. ed.（2007）*Democratic Schools: Lessons in Powerful Education*, Heinemann.（＝2013，澤田稔訳『デモクラティック・スクール　力のある学校教育とは何か　第 2 版』上智大学出版。）

Bauman, Z.（2000）*Liquid Modernity*, Polity Press.（＝2001，森田典正訳『リキッド・モダニティ』大月書店。）

Bernstein, B.（1977）*Class, Codes and Control, v. 1: Theoretical Studies towards a Sociology of Language*, Routledge & K. Paul.（＝1981，萩原元昭訳『言語社会化論』明治図書。）

Biesta, G.（2010）*Good Education in An Age of Measurement: Ethics, Politics, Democracy,*

Paradigm Publishers or Routledge.（＝2016，藤井啓之，玉木博章訳『よい教育とはな
　　にか──倫理・政治・民主主義』白澤社。）

Bourdieu, P. et Passeron, J.-C.（1964）*Les Héritiers: Les Étudiants et la Culture*, Minuit.（＝
　　1997，石井洋二郎監訳『遺産相続者たち』藤原書店。）

Bowles, S. and Gintis, H.（1976）*Schooling in Capitalist America: Educational Reform and
　　The Contradictions of Economic Life*, Routledge & K. Paul.（＝2008，宇沢弘文訳『ア
　　メリカ資本主義と学校教育　教育改革と経済制度の矛盾』岩波書店。）

ブラウン，P.（2005）「文化資本と社会的排除」A. H. ハルゼーほか編（住田正樹ほか編訳）
　　『教育社会学　第三のソリューション』九州大学出版会。

Collins, R.（1979）*The Credential Society: An Historical Sociology of Education and
　　Stratification*, Academic Press.（＝1984，大野雅敏・波平勇夫訳『資格社会　教育と
　　階層の歴史社会学』有信堂高文社。）

土肥いつき（2015）「トランスジェンダー生徒の学校経験　学校の中の性別分化とジェン
　　ダー葛藤」『教育社会学研究』97集，47-66頁。

Durkheim, E.（1925）, *L'Education morale*, Libraire Felix Alcan.（＝1964，麻生誠・山村健
　　訳『道徳教育論』明治図書出版。）

遠藤まめた（2016）『先生と親のための LGBT ガイド』合同出版。

浜野隆（2014）「家庭環境と子どもの学力（1）家庭の教育投資・保護者の意識等と子ど
　　もの学力」国立大学法人お茶の水女子大学編『平成25年度全国学力・学習状況調査
　　（きめ細かい調査）の結果を活用した学力に影響をあたえる要因分析に関する調査研
　　究』16-41。

Heckman, James J.（2013）*Giving Kids a Fair Chance: A Strategy That Works*, MIT Press.
　　（＝2015，古草秀子訳『幼児教育の経済学』東洋経済新報社。）

池田寛（1987）「日本社会のマイノリティと教育の不平等」『教育社会学研究』第42集，
　　51-69頁。

鍛治致（2017）「在日外国人の子どもの家庭背景と高校在学率──2010年国勢調査から」
　　『教育と医学』66巻1号，71-77頁。

厚生労働省「生活保護の現状等について」http://www.mhlw.go.jp/stf/shingi/2r985200000
　　1dmw0-att/2r9852000001do56.pdf

松本伊智朗・湯澤直美・平湯真人・山野良一・中嶋哲彦編（2016）『子どもの貧困ハンド
　　ブック』かもがわ出版。

文部科学省（2016）「性同一性障害や性的指向・性自認に係る，児童生徒に対するきめ細
　　かな対応等の実施について」http://www.mext.go.jp/b_menu/houdou/28/04/__icsFi
　　les/afieldfile/2016/04/01/1369211_01.pdf

文部科学省（2019a）「外国人の子供の教育の更なる充実に向けた就学状況等調査の実施及
　　び調査結果（速報値）について」https://www.mext.go.jp/content/1421568_001.pdf

文部科学省（2019b）「『日本語指導が必要な児童生徒の受入状況等に関する調査（平成30
　　年度）』の結果について」https://www.mext.go.jp/content/1421569_002.pdf

盛満弥生（2011）「学校における貧困の表れとその不可視化──生活保護世帯出身生徒の
　　学校生活を事例に──」『教育社会学研究』第88集，273-294頁。

村山伸子・山本妙子（2013）「世帯の経済状態と子どもの食事・栄養状態との関連に関する文献レビュー」厚生労働科学研究費補助金 疾病・障害対策研究分野循環器疾患・糖尿病等生活習慣病対策総合研究（循環器疾患・糖尿病等生活習慣病対策政策研究事業）『日本人の食生活の内容を規定する社会経済的要因に関する実証的研究』平成24年度総括・分担研究報告書（研究代表者　村山伸子），117-122頁。

内閣府（2017）「平成28年度子供の貧困の状況と子供の貧困対策の実施状況」。

内閣府（2019）「平成30年度子供の貧困の状況及び子供の貧困対策の実施状況」。

中嶋哲彦（2013）「貧困を理由に誰ひとり排除しない教育制度を目指して」『貧困研究』11号，10-18頁。

日本財団（2018）「家庭の経済格差と子どもの認知能力・非認知能力格差の関係分析」https://www.nippon-foundation.or.jp/app/uploads/2019/01/wha_pro_end_07.pdf

西田芳正（2012）『排除する社会・排除に抗する学校』大阪大学出版会。

下野新聞子どもの希望取材班（2015）『貧困の中の子ども——希望って何ですか』ポプラ社。

卯月由佳・末冨芳（2015）「子どもの貧困と学力・学習状況：相対的貧困とひとり親の影響に着目して]」『国立教育政策研究所紀要』144，125-140頁。

ヤング，M.（1982）（久保田鎮夫・山元卯一郎訳）『メリトクラシー』至誠堂。

若槻健（2015）「排除に対抗する学校」『教育社会学研究』第96集，131-152頁。

（若槻　健）

第2章　複合的困難を抱える子どもへの包括的支援のための視座

第1節　幸福を希求する時代

　本章では，「複合的困難を抱える子どもへの包括的支援のあり方を明らかにする」という本書の目的を達成するためのいくつかの視点について述べる。まず，本節では，第1章でも触れた「近代」とその後の時代に関する時代背景と福祉について述べた上で，考慮しなければならない事項について検討する。

　「福祉は衝動である」という加藤彰彦氏の言葉を引用しながら，見田（2018）は，福祉という仕事が，正義とか善意とかいうことの前に，人間の深い欲望であり，人によろこばれる仕事をすることは，人間の根源的な欲望であると述べる。その仕事は，高原期の人々が楽しむことのできる幸福のリストを構成する主要な要素であり，社会的な生きがいとしてのそれであるとされる。ここでいう高原期の人々とは，ポストモダン（近代の後の時代）において，他者との交歓と自然との交感を基調とする〈幸福の原層〉を感受する人々のことである。かれらは，近代に生きる人々，すなわち，現在の生を未来の目的を達成するための手段として費やし，それ自体として楽しんでこなかった人々と対比される。

　この対比は，近代社会と近代の後の時代の対比と重なる。近代社会が，生産主義的，未来主義的，手段主義的な合理性の浸透によって環境を破壊しながら経済成長を続けてきた社会であるならば，近代の後の時代は，その圧力を減らし，いまある有限の環境容量の中で幸福を見出す生き方を模索する社会である。それは，今より豊かな未来を追い求める社会ではなく，今の豊かさを追い求める社会であり，他者との交歓と自然との交感を通して幸福を感受する力を必要とする社会であるとされる。つまり，現在を忍耐して他者との競争に勝ち抜き，それによって将来を豊かに過ごす社会ではなく，現在の生を豊かに生きることに価値を見出し，他者と協働しながら，より豊かな社会を構想する社会であると言える。このような社会における福祉は，みんなでよりよく生きるために，

そしてみんなの幸福のために，人間の根源的な欲望から生まれでるものなのだという。

　上記見解は，世界の動向と一致するものである。世界では，グローバル社会の広がりとともに，グローバルな環境資源と経済成長の有限性への危惧が示されている。その中で，人間の生に関する関心が高まっており，ウェルビーイング（幸福感）を重視し始めている。そのため，OECD は，定期的に幸福度調査を実施している。そして，教育の世界でも，子どもの学力の向上とともに幸福感の向上が希求されるようになりつつある。たとえば，ユニセフのイノチェンティ研究所は，2007年以降，先進国の子どもの幸福度に関する報告書を出している。OECD も，2015年に実施された「生徒の学習到達度調査」において，生徒のウェルビーイングを対象とした項目を設けている（国立教育政策研究所2017）。特に，ユニセフは，貧困問題を抱える子どもの幸福度に注目している。それは，〈幸福の原層〉を感受する時代の中で，最もその恩恵にあずかりにくい状態にある子どもの幸福について考えようとするものであると言える。

　貧困問題を抱える子どもの幸福とは何かを考える上で，ユニセフおよびOECD で実施されているウェルビーイングの調査項目は示唆的である。それらは共通して，衣食住に関する基礎的充足，教育を受ける権利の享受，および他者との関係性の構築を扱っている。特に，他者との関係性については，大人への調査において，社会的支援の充足度やソーシャル・キャピタルの程度から算出されている。つまり，衣食住が充足され，教育を受ける権利が保障され，他者との相互支援のあるあたたかなつながりのある中で生きられるほど，幸福であると想定されているのである。

　これらから，子どもの幸福度を考える上では，衣食住の充足度，教育を受ける権利の保障の程度，他者とのつながりのあり方とその程度の三点を重視する必要があると言える。この見解は，子どもの貧困を物質的・文化的・関係的剥奪から捉える見方と合致する（柏木 2020）。それらの中でも，子どもにとっての幸福度を考えるために留意しなければならないのは，「日常生活における身近な」他者とのつながりである。石川（2015：226）は，フィンランドにおける調査から，以下のように指摘している。

　　子どもたち自身は，まさに子どもの毎日の生活の中心を占める家庭と学
　　校を軸に，自分を取り巻くさまざまな人々との関係性や感情，雰囲気から，

　　自らのウェルビーイングをとらえている。

この指摘から，子どもたちが，将来を豊かに過ごす幸せではなく，今ここにある幸せを，他者とのつながりやその場の雰囲気から捉えていることがわかる。また，その中でも，家庭や学校という場の重要性が示されている。これらは，上記社会動向と重なるものであり，また，次の点に留意する必要性を示唆するものである。すなわち，支援は，子ども自身が，身近な生活空間における他者とのつながりや雰囲気をどう捉えているのかという視点に立って，子どもの声を取り入れながらなされるべきであるというものである。

　しかし，子どもに対してなされてきたこれまでの支援は，必ずしも当事者である子どもの視点や声を取り入れたものではなかったようである。というのも，福祉に関する諸権利は法制度によって保障されているが，福祉サービスに関する立案，制度設計は，もっぱら行政側をはじめとする提供側から発案されたものであり，提供側の論理から成り立っているためである（矢野 2012）。そして，それら提供側の論理は，既存の社会の特権集団の価値規範と親和的であり，その価値規範に「合わせる」ことを前提とした方策や政策が，公平や社会正義の名の下に行われているからである（福島 2009）。確かに，近年では，NPO やボランティア組織が供給側として参入している。それでも，それらの枠内で語られる内容には供給側を主体とした論理が多く，受益者や当事者の参加を加味した，あるいはその発言をもとにした政策立案・形成の機会が少ないという指摘に留意すべきであろう。

　したがって，福祉に関する諸権利の制度的保障と実質的保障との間には，ずれが生じてきたと言える。子どものためにとなされてきた支援が，子どもの抱える問題に即したものではなく，結果として子どもの幸福を実質的に保障しうるものでなかったというずれである。もちろん，提供側がこうしたずれをなくすよう支援を行うものの，子どもの有する複雑な事情ゆえに，適切な支援をすることができない場合は多々あるだろう。しかし，わが国の福祉に関する理論にはどうしてもある種の違和感があると矢野（2012）が述べる通り，そもそもの支援のあり方として，当事者性を看過してきた傾向は否めないだろう。

　子どもの教育を受ける権利に関しても，同様の指摘をすることができる。子どもの教育機会と教育を受ける権利は，法制度によって保障されている。そのため，全国各地に小・中学校が設置され，そこに教員養成や教員研修制度と

いったさまざまな制度が加わり，教育の質保証も追求されてきた。しかしながら，第1章で述べた通り，複合的困難を抱える子どもが学校の中で居心地の悪い思いをし，自分はいなくてもいいし，生きる意味がないと思うところまで追いつめられ，排除される状態が見出されている（青砥 2009）。また，困難を抱える保護者も，学校参加を通して，十分な発言力を持てずに抑圧・排除される危険性が指摘されている（広田 2015）。この背景として，学校は権力機関の一部であり，そこで教えられる画一化された内容は支配層の価値規範と合致するものであり，既存の社会秩序を再生産しやすい点が明らかにされている（カラベル＆ハルゼー 1977＝1980，ブルデュー＆パスロン 1970＝1991など）。こうした見解は，上記の福祉における問題の背景と重なるものである。つまり，制度的保障があるからといって，子どもの現実生活に困難が生じないわけではなく，制度的保障と子どもが過ごす現実生活との間には，ずれが生まれていると言える。

　これらを踏まえると，福祉分野にしろ，教育分野にしろ，当事者としての子どもの発言や状態を加味した政策立案と制度構築が求められる。なぜなら，制度が保障する支援内容と子どもが現実生活を送る中で求める支援内容とのずれを埋める必要があるからである。このずれは，制度のはざまと言われる問題でもあり，そのはざまを解消しようとする何らかの支援行為と子どもの求める支援内容との間のそれでもなかなか埋まらないずれの問題でもある。本書では，制度のはざまを解消しようとするこれまでの非営利団体等による支援と子どもの求める支援とのずれを含むものとして，上記の問題を制度と現実のずれと称する。

　このずれを埋めるためには，まずは，子どもの声を慎重に聞きながら支援のあり方を模索することが求められる。しかし，複合的困難を抱える子どもは，幾重にも重なる弱者としての立場ゆえに，それほど簡単に声を出してくれるわけではない。そもそも，子どもが自らの困難を相対化できず，SOS としての援助要求を出すべき状態に置かれているのかどうかを判断できない場合がある。そのため，西岡（2011：158）は，当事者にとっても自明ではないニーズ表出のためには，周囲の人々や専門家らとのコミュニケーションが必要であると指摘する。また，松本（2010：43）も，貧困は，当事者を無力化することを通して「声」を奪う方向に作用するからこそ，その渦中にいる人たちの「声」を聞き，代弁し，尊重する人としくみが必要であると述べる。このことは，当事者が声を発する機会と能力を持ちにくい子どもであれば，なおさらである。したがっ

て，ずれを埋めるためには，まずは，子どもの支援に取り組む支援者に焦点を
あて，その取り組み内容や方法を明らかにする必要があるように思われる。

　ただし，支援者への焦点化は，上記の矢野（2012）による批判をやはり免れ
ないのではないかという懸念がある。すなわち，NPOやボランティア団体と
いった，権力機関とは異なる，子どもに寄り添いやすい供給側が政策過程（政
策形成・執行過程）へ参入しても，供給側を主体とした支援を回避できないとい
う懸念である。しかしながら，当事者としての子どもが声を出しにくい状態に
あるのであれば，まずは，支援者の中でも，制度と現実のずれに目を向け，そ
の解消を目指そうと励んでいる支援者に焦点をあて，かれらの取り組みを分析
することは有意義であると考えられる。

　以上から，本書では，複合的困難を抱える子どもの声を聞き，代弁する支援
者たちの実践を通して，子どもの幸福を実質的に保障するための具体策を提示
する。そのために，制度と現実のずれに目を向け，そのずれを明らかにし，そ
れを埋めるために柔軟な支援を提供している実践を描くこととする。このこと
は，制度理念の具現化に際して生じる「ずれ」の問題の解消にとどまらず，従
来から指摘されてきた制度のはざまの問題の克服を目指し，理念を実現するた
めの施策や制度の再構築を促すものになると考えている。

　その際，子どもの衣食住や教育に関する物質的・文化的充足に加え，他者と
のあたたかなつながりの形成にも目を向ける。つながりへの着目は，他者との
交歓を通しての幸福が求められる時代だからこそ，子どもを孤独や孤立から救
い出すことがより喫緊の課題となりえるため，重要なものであると考えている。
あたたかなつながりというのは，子どもが，ありのままを認められ，尊重され
る他者とのかかわりである。その中で，楽しく満ち足りた気分になれ，生まれ
てきてよかったと思えたり，自分にも価値があると感じられたり，生きる意味
を見出せたりするものであると捉えられる。また，上述したように，子どもの
幸福にとって，家庭や学校という場が重要であるため，そうした場での実践に
焦点をあてて，以下の章では論じる。ただし，家庭とはいっても，家庭内では
なく，家庭的要素をもつ場をいかに創るのかというところに力点を置く。

第2節　人と人のつながりの意義とその偏在

　本節では，支援の実践で重視される人と人のつながりに焦点をあて，その意

義と課題について述べる。人と人のつながりは，これまでソーシャル・キャピタル（社会関係資本）という概念のもとで研究が進められている。

　ソーシャル・キャピタルとは，人々の協調的行為を促進させる「人間関係」に焦点をあてた資本であり，「調整された諸活動を活発にすることによって，社会の効率性を改善できる，信頼，規範，ネットワークといった社会組織の特徴」（Putnam 1993＝2001：206-207）を意味する。ソーシャル・キャピタル概念の構成要素として，信頼，規範といった認知的側面とネットワークとしての構造的側面があるとされる。また，Bourdieu は，ソーシャル・キャピタルを「もしもの場合には役に立つ「援助」を与えてくれるかもしれない社交関係の資本」（Bourdieu 1979：185）と述べる。これらを整理すると，ソーシャル・キャピタルは，人々がお互い様という支援を行いながら信頼関係を築くかかわりであり，子どもにとっては，「援助」になるものであると言える。

　このようなソーシャル・キャピタルに注目が集まるのは，それが民主主義や社会効率，経済発展，寛容な社会形成を促し，人々のウェルビーイングや幸福度に寄与する傾向が明らかにされてきたからである（パットナム 1992＝2001，稲葉ら 2011，2014）。さらに，子どもと教育に関して，ソーシャル・キャピタルの蓄積が多くのメリットを生む結果が示されてきたからである。

　ソーシャル・キャピタルの子どもへの教育的効果に関する諸外国における研究成果から，ソーシャル・キャピタルが子どもの学業成績（Goddard 2003），退学抑制（Coleman 1988），問題行動の抑制（Parcel & Dufur 2001），いじめや暴力の減少（Gottfredson & Dipietro 2011）に正の影響を及ぼすことが明らかになっている。また，ソーシャル・キャピタルの中でも，教師を取り巻く信頼の構築（教師－管理職・教師・保護者・子ども間）と子どもの学力向上との関連性が指摘されている（Bryk & Schneider 2002など）。

　日本でも，子どもの学力や学習意欲を直接規定する，児童相互のつながりや教師と児童たちとのつながりが明らかにされている（露口 2016a, b）。重要な点は，そうしたつながりが家庭環境よりも大きな影響を及ぼすところにある。また，つながり格差という言葉が生み出されたように，子どもの有する地域ソーシャル・キャピタルの学力に及ぼす影響の大きさが示されている。それによると，学力に対して，経済資本よりも地域ソーシャル・キャピタルの方が大きな影響を及ぼすとされている（志水・中村・知念 2012）。しかも，ソーシャル・キャピタルの影響は，経済階層が低いほど大きくなるという。つまり，貧困世

帯の子どもにとって，子どもの有するソーシャル・キャピタルは，経済的困難
による不利な状況を好転させる重要な資本となりうるのである。

　また，ソーシャル・キャピタルは，先に述べた子どもの幸福度を規定する要
素の一つとして見なされている。すなわち，ソーシャル・キャピタルが社会効
率や経済成長のみならず，人々の主観的幸福感の向上に寄与する傾向が認めら
れているのである（OECD 2001，辻・佐藤 2014等）。それゆえ，日本でも，子ど
もの主観的幸福感を高めるソーシャル・キャピタルに関する研究が進められて
いる（露口 2017a）。量的調査から，子どもを取り巻くつながりは，子どもが幸
福になる確率と将来に明るい希望を持つ確率を 2 倍程度高めることが明らかに
されている（露口 2017b）。その他，地域のソーシャル・キャピタルによる子ど
もの自己効力感への正の影響や（岡正・田口 2012），社会参加意欲の高まりに関
する影響も示されている（柏木 2016a）。これらを踏まえると，子どもと他者と
のつながりは，困難を抱える子どもの認知的・非認知的能力を高め，問題行動
を減少させ，幸福度を高める可能性があると言える。

　さらに，保護者と他者とのつながりが，子どもにプラスの影響を及ぼす場合
もある。たとえば，同じような社会経済的・心理的背景をもち，子どもへの虐
待可能性を高く有する家族であっても，属するコミュニティの支援ネットワー
クの多寡によって，実際のリスク発生率は全く異なる（Garbarino & Sherman
1980）。日本でも，社会的に孤立しがちな家庭内における養育が虐待につなが
りやすいことが指摘されている（山野 2010）。したがって，ソーシャル・キャ
ピタルが，保護者を通じて子どもの安心や安定に影響を及ぼすことがわかる。

　これらから，子どもを取り囲む豊かなつながりは，子どもに多くのメリット
をもたらし，特に，困難を抱える子どもの窮状を救うものであると考えられる。
また，つながりは，直接的に子どもに影響を及ぼすというよりも，子どもの有
する経済的・文化的資本の多寡を変えたり，それらの量的少なさをカバーした
りする方向に作用し，相乗的に子どもにプラスの影響を及ぼすものと考えられ
る。加えて，つながりの与える「援助」のあり方はさまざまで，その効用も上
記のように多様な様相を呈する。ただし，その中で最も重要な効用は，子ども
を社会的に包摂しうるところにあるだろう。困難を抱える子どもたちは，社会
において／社会から排除されつつある点を第 1 章で述べていた。困難を抱える
子どもの社会的排除は「主要な社会関係から特定の人々を締め出す構造」（岩
田 2008）から生み出されるものである。困難を抱える子どもにとって，つなが

りは締め出された構造に再度組み込まれるための重要な資本であると言える。

　しかしながら，困難を抱える子どものソーシャル・キャピタルは，そうではない子どもに比して少ない傾向にある点が先行研究の引用から示唆されている（柏木 2017）。というのも，子どものソーシャル・キャピタルは，保護者の有するそれの影響を受け，保護者の有するソーシャル・キャピタルは，学歴や職業の有無に規定されるからである（内閣府経済社会総合研究所 2005，石田 2015）。そのため，同じ地域に居住していたとしても，つながりを通じて受ける子どもの恩恵の量は異なってくるのである。たとえば，学校に多く参加できる保護者ほど，学校や地域で有するつながりは強くなり，その子どもは保護者を介するつながりの恩恵を受けやすいが，学校になかなか参加できない保護者で，なおかつ学校でも地域でも孤立しやすい状況の場合，ソーシャル・キャピタルの豊かな地域であっても，子どもは保護者を介するその恩恵を受けにくいといったようにである。また，地域からの子どもへの直接的な恩恵であっても，子どもの日常生活における孤立の仕方によって，受け取れる程度が異なってくる。

　したがって，複合的困難を抱える子どもが，ソーシャル・キャピタルの恩恵を受けるためには，それを確実に分配する役割を果たすものがいる。その中心となるのは，公的セクターとしての政府や行政や学校であろう。筒井（2007）は，社会の効率性と公平性の双方を志向するためには，自然に任せるとソーシャル・キャピタルからの恩恵が不公平に分配される可能性があるため，政府による何らかの介入や資源の再分配の必要性を説く。平塚（2006）は，ソーシャル・キャピタルが強く階層化され社会を分断する資本として機能する危険性を示し，困難な地域・学校で平等な参加を強く志向する社会関係づくりの取り組みが効果的になされるための制度的条件保障が不可欠であることを指摘する。これらを踏まえ，公的セクターの役割を重視しながら，ソーシャル・キャピタルの偏在を解消するための研究が蓄積されつつある。[2]

　一方で，公的セクターがその中心的役割を果たすことを警戒する意見も根強くある。なぜなら，人と人のつながりは，心のつながりを含むため，公が介入すべき領域ではないからである。しかしながら，豊かなコネ（他者とのつながり）をもつ者がより有利になる市場の原理に任せていては，困難を抱える子どもは大きなハンディキャップを背負って生きなくてはならず，困難のループからいつまでたっても抜け出せないだろう。また，下記に述べるように，地域住民の共助に任せるのも，責任の所在を含めて難しい。公平・公正な社会創出の

ためにも，ソーシャル・キャピタルの偏在を修正する公的セクターの政策的・制度的・実践的役割が重要であると考えられる。

第3節 ソーシャル・キャピタル醸成に向けての政策とガバナンス

　ソーシャル・キャピタルの分配を求められる公的セクターではあるが，近年では，そもそもソーシャル・キャピタル自体が乏しい問題と，公的セクターである政府や行政の統治への信頼に関する問題が呈されている。以下では，これらについて検討した上で，改めて公的セクターの役割について提示したい。

　多くの先進諸国で1970年頃から共通の問題として指摘され続けてきたのは，ソーシャル・キャピタルの偏在というよりも，地域共同体の解体や衰退による人間関係の希薄化といった地域のソーシャル・キャピタルそれ自体が乏しくなりつつあるという問題である。そのため，ソーシャル・キャピタルという概念の登場により，つながりを測定できるようになると，先進諸国の各国政府は自国のソーシャル・キャピタルに関する調査研究を精力的に進めるようになった。日本でも，ソーシャル・キャピタルを定量的に把握するための調査が内閣府主導によって行われてきた（内閣府国民生活局 2003）。それによると，大都市部でソーシャル・キャピタルの蓄積水準が相対的に低く，地方部で高いという結果が示された。この結果は，いわゆる昔ながらの地域共同体が地方部に残っており，そこでは今なお人と人のつながりが維持されていることを示唆するものであった。ただし，経年変化では，地方部におけるソーシャル・キャピタルの減少も示されており，その後，2005年に出された調査結果では，2002年の調査時点と比較して，日本全体のソーシャル・キャピタルが縮減しつつある状況が明らかにされたのである（内閣府経済社会総合研究所 2005）。

　ただし，日本のソーシャル・キャピタルは，1970年代頃から一貫して少なくなってきたのではない。社会的信頼という側面から見れば，1990年代後半までは，民主主義制度に対する国民の信頼が概ね高かったとされる。特に，1990年代前半における社会的信頼は高く，国民が選挙，議会，政党に常に強い信頼を寄せているとの調査結果が報告されている（猪口 2013）。また，この頃から，NPO団体の数やボランティア活動への参加数は増加傾向にあり，ネットワークや互酬性の規範の形成に関しても，望みのもてる結果が示されていた（内閣府国民生活局 2003，猪口 2013）。

　それが，ソーシャル・キャピタルのなかでも「信頼」という要素において，1990年代と2000年代以降は打って変わって異なる状況となったのである。2000年以降，グローバル化のなかで推し進められた行政による構造改革を通じて，貧困と格差が至るところで拡がり，人々の生活不安は強まることとなったという（宮本 2009）。特に，非正規や無職の人々の中には「寄る辺のない孤立感」にとらわれる人々が増えたとされる。「寄る辺のない孤立感」は，「生きる場」とでもいうべきものが失われている状況の中で生まれる。「生きる場」とは，具体的な人間関係の中で目標を得て，各自の存在を承認されて生の意欲を高められるような場のことである。一方で，中・上位層に位置する，社会的に排除されない人々が平穏な生活を送っているのかというと決してそうではなく，一歩間違えば生活の基盤を失う状況に対して安心感をもてずにいるという。しかしながら，政治は，人々のこのような状況に対して有効な手を打ったり，人々の間の亀裂を乗り越えるビジョンを提示したりすることができず，行政への信頼を回復することができないでいるとされる。加えて，これまでに明らかになった政治の腐敗や行政の透明度の低い政策決定方法など，統治の仕方の問題も後押しして，人々は行政に対して強い不信を抱くようになったと述べられている（宮本 2009）。

　排除される人々を包摂し，分断社会を修復するような手だてを打てずにいる国家や政府による統治に代わって登場したのが「ガバナンス」という概念である（Peters & Pierre 2006）。ガバナンスは，政府に対する信頼の低下，国家の衰退，国家の機能不全といった表現が流布され，政府をはじめとする国家による統治（ガバメント）にかげりが見え始めた諸外国で生み出されたものである。ガバメントとガバナンスを分けるものは，統治に関与するアクターの違いであるとされる（秋山・岩崎 2012）。ガバメント論では，政府や議会がアクターとされるのに対し，ガバナンス論では，公式的なアクター以外に非公式的なアクターが登場する。そのため，ガバナンス論では，統治機構としての政府や議会，地方自治体，NGO や NPO，民間企業などが主要なアクターとされる。

　こうしたガバナンス・システムに期待されたのは，政策過程への多様なアクターの関与による，これまでにない問題の発見と問題の解決に向けた取り組みの遂行である。つまり，公的アクターだけで特定の人々を締め出す社会構造を転換させるのは困難だという認識のもと，そこに私的アクターの幅広い視野と柔軟な知見を活用することが求められたのである。確かに，多様なアクターが

問題を発見するならば，排除された人々の抱える私的な問題の多くを発見して公的な取り扱いのなされるものへと導いてくれるのではないか，また，その問題解決に多様なアクターがかかわるのであれば，困難を抱える人々に寄り添った，従来の制度によってはなしえない官民による支援がなされるようになるのではないか，という期待は理解することのできるものである。加えて，多様なアクターがかかわるほど，政策過程における透明度が高まり，政治おける癒着や腐敗の問題が起きないのではないかといった期待も首肯することのできるものである。

　しかし，ガバナンスも期待通りの成果を上げられたわけではなかったし，ガバナンス自体も多くの問題を抱えていることが明らかにされたのである（秋山・岩崎 2012）。ガバナンスの抱える問題とは，民主的正統性に関わるものである。まず，なぜそのアクターが選ばれたのかというアクター選出の妥当性と，そのアクターの提示する議題（問題）に偏りはないのかというアクターの選好の問題を挙げることができる。というのも，多様なアクターからなるガバナンスとはいえ，実際に政策決定過程にかかわれるのは限られた一部のアクターであるからである。これらの問題がクリアされないならば，透明性や癒着に関する問題も解決されない。つまり，新たなアクターにも既得権益の問題はつきまとうのである。仮に，それらの問題がクリアされたとしても，次に，論争的な議題（問題）に関する意見や解決案の採択の基準は何なのか，決定事項の責任はだれがもつのかという問題が生まれる。これらから，多様なアクターの関与を推奨するガバナンスには，民主主義社会における議会等を通じた意思決定ではなく，特定の個人による恣意的な選好を社会全体に作用させる危険性が内包されており，その克服が求められていると言える。

　そのため，ガバナンスであっても，政府や行政が統治のあり方に積極的にかかわり，責任をもつ必要性が指摘されつつある（岩崎 2011）。つまり，ガバナンスが国民を統治する機構である以上，決定内容が無責任なものとなったり，決定事項について責任の所在が不明確になったりすることは許されるわけではないのである。そのため，秋山・岩崎（2012：13）は，「ガバナンスは，国家に取って代わるべくして登場した概念ではなく，国家との共存，あるいは国家を補完する性格をもつと理解する方が現実的」であるとし，国家から離れて民主主義が実現すると考えるのは非現実的であると述べる。したがって，ガバナンスによる統治形態へと移行したからといって，これまでガバメントを担ってき

た政府や行政が責任を免れるわけではないのである。

　ところが，競争と自己責任を基調とする新自由主義の隆盛に合わさる形で現れた日本のガバナンスは，政府や行政の負うべき責任をより限定した形で，本来の意図とは異なる用いられ方をされようとしている。それは，そもそもガバナンスが，国家的な財政難の中で始まったことに由来するものである。端的に言えば，子どもの支援に関する国家支出を抑えるために，ガバメントとは異なるネットワークと草の根の力を借りて，支援費を安く済ませようというものである。矢野（2012：49）は，「地方政府は，コミュニティにおける広範囲の活動に対するニーズの急増に対処するため，自らの責任と財政経費削減の矛先をガバナンスの論理を用いてNPOやボランティア団体などの非営利組織に押し付けようとする動きがあったことも見逃せない」と述べる。そして，「NPOやボランティア団体への行政移行に見える一連の「代行行為」は，ただ政策遂行の「安上がりな」代理人としての地位を付与し，実際の行政権限である政策形成や権力の行使から排除し続けている」と指摘する。ガバナンスの中で，支援者が安上がりな活動実行者としてのみ位置づけられ，権限を付与されない場合，次のような問題が生み出される。それは，つながりづくりという美辞麗句のもとで行われるボランティアの動員と無償の善意の扇動によって，善良な市民が疲弊する一方で，いつまでたっても，制度と現実のずれを埋めるような制度改正がなされないというものである。加えて，近年では，政府によるクラウドファンディングの推奨によって，NPOやボランティア団体が自ら財源を確保して，社会的排除と包摂の問題に取り組むように促されつつある。

　このようなガバナンスは，官民協働などではなく，政府や行政と新たなアクター間で役割分担を行う統治形態と言える。しかも，政府や行政はインプット（政策立案）とアウトプット（成果検証）のみに責任を持ち，新たなアクターに最も困難な政策執行過程を任せ，安価な労働と責任を強いる形となっている。新自由主義のイデオロギーに則り，インプットとアウトプットを統制するこうした政府や行政のやり方は，より強力で精緻な管理と統制を実現すると危惧されている（佐藤 2016）。つまるところ，日本では，社会の分断を防ぐような官民協働によるガバナンスはそれほどなされていないと言ってもよいであろう。そして，政府や行政は，ガバナンスやソーシャル・キャピタルを隠れ蓑にして，管理統制を強め，統治しなければならない事柄，関与しなければならない事柄から撤退しつつあると結論づけることもできる。

　このような政府や行政のあり方は，社会的包摂を促進させるものではない。というのも，政府や行政が排除された人々の声に耳を傾け，そのためになすべきことを決定し，執行するというすべての過程に主体的にかかわり，責任を持たなければ，社会の連帯を推し進められないからである。宮本（2009：37）は以下のように述べる。

　　　福祉国家であろうと福祉ガバナンスであろうと，人々の納得する連帯の論理，協力のルールを打ち出していかなければならないという事情に変わりはない。むしろ，国，都道府県（道州），基礎自治体と多層的な政府が，NPOや協同組合など多様な主体と連携して生活保障を実現することになれば，それだけ全体を貫くルールや原理が明確になることが求められる。

結局のところ，市民の生活保障から政府や行政が撤退することは認められないのである。特に，困難を抱える子どもの利益保障は，公的機関が担わなければならないと考えられる。もちろん，市井の人々の善意が多くの子どもたちを救ってきたし，今でもそうした事例は散見される。しかしながら，そうした人々の善意に依存して解決できるほど，かれらの困難は量的にも質的にもたやすいものではない。かれらの困難に向き合うには，財政的な基盤と長期的な関与が求められる。そのためには，確実な支援のためのルールや原理を官と民が協力して作成し，その執行過程にも両者がかかわることが必要となる。つまり，政府や行政には，困難を抱える子どもを支援するための政策立案と評価にかかわるだけではなく，その執行過程にも責任をもち，政策を遂行する役割が課せられるのである。

　確かに，ガバナンスやソーシャル・キャピタルにおいて求められる市民参加は，中央集権的な権力を分散させ，市民にも統治における一定の自律と責任を与え，それゆえに権限の委譲を進めるものである。そのため，市民の手に民主主義を取り戻すすべとしては歓迎すべきものである。また，地域住民あるいは市民は，多くの有用なリソースを有している。それらは，子どもの支援策を講じる上で，非常に重要なものとなる。

　ただし，それが新自由主義のツールとして使用されるならば，上で述べたように，つながりづくりから社会的連帯に向けて動こうとしている市民を疲弊させ，NPO団体やボランティア活動自体を衰退させてしまうかもしれない。つまり，政府や行政から資源を与えられず，適切な関与を受けられない中で背負

わされる共助の責任によって，支援者の活動が柔軟で創造的なものにならずにうまくいかないばかりか，支援者自身が意欲や希望を失う状態に陥る危険性があるのである。そうなると，他者に「援助」を与えるソーシャル・キャピタル自体が衰退し，社会の連帯に向けた動きは滞るだろう。

　上記を踏まえ，本書では，子どもの幸福を実質的に保障する具体策の提示にかかわり，学校や行政といった公的セクターの役割に着目する。公的セクターが，複合的困難を抱える子どものための物質的・文化的支援およびつながりの醸成と分配にどのようにかかわり，その責任を果たしうるのかを描き出すことを試みる。

第4節　人と人のつながりの醸成における課題

　第2節・第3節では，複合的困難を抱える子どもへの支援に向けて，公的セクターの果たす役割の重要性を指摘してきた。しかし，公的セクターだけで，子どもへの幅広い支援に対処することができるわけではない点は，第1節で示した通りである。支援の責任は公的セクターにあるとしても，子どもは多くの他者とのあたたかなつながりの中で，幸福を保障され，生きる意味を見出せる。また，分断された社会を修復し，多様な人々のつながりから生まれる社会的連帯を，公的セクターだけで創り出せるわけではない。そこには，多様な価値を認める共生社会の創出を望み，責任や義務を分かち合おうとする市民の存在が必要なのである。

　しかし，ソーシャル・キャピタルの衰退で示されたのは，そうした市民社会の創出に参加する人々の減少であった。この点について，地域のソーシャル・キャピタルの減少が危惧され始めた頃に出された『コミュニティ——生活の場における人間性の回復』（国民生活審議会調査部会 1969）にて，先駆的な報告がなされている。『コミュニティ』での分析と今後の見通しの中で示されたいくつかの視点には，現在に通じる問題の諸点がすでに描かれているため，少し掘り下げて論じてみたい。

　地域共同体が完全に崩壊したかどうかは地域によって異なるにしろ，伝統的な地域共同体が衰退しつつあるのは事実であろう。都市部では，伝統的な地域共同体の多くが解体されつつあるし，地方では，過疎化の進行とともに伝統的な地域共同体は消え去りつつある。その直接的な要因は，高度経済成長ととも

に変化した産業・就業構造や，発達した交通機関・通信機器による，人々の生活圏域の拡大や都市への人口移動であるとされる。ただし，仮にこれらの要因だけであれば，人々は新たな生活圏や移転先でソーシャル・キャピタルを再度醸成し，共同体を構築するはずである。そうなれば，ソーシャル・キャピタルが衰退し続けるという現象は起きないであろう。

　では，なぜ，そうした現象が起きるのかというと，伝統的な共同体が衰退する一方で，新たな地域共同体が築かれないからである。その原因として，伝統的な地域共同体の有する閉鎖的で拘束的な性質が挙げられている。それゆえ，「地域共同体の機能が生活に不可欠ではないという認識が高まると，その拘束性，わずらわしさからの解放に大きな価値が見出されることとなった」（国民生活審議会調査部会 1969：153）と述べられている。

　ただし，『コミュニティ』では，こうした動向を，「人対人のつながりがきわめて微弱にしか存在しない社会における個人については，無拘束性の反面としての孤立感が深まり，個人の力では処理出来ない問題についての不満感や無力感が蓄積されることにもなろう」（国民生活審議会調査部会 1969：153）と危惧する。そして，個人の自主性と個別性を尊重する新しいつながりと，拘束からの自由と同時に参加する自由も保障する市民社会の形成が希求されるようになると結ばれている。その通り，前節で述べたように，NPO 団体やボランティア活動数は増加しつつあり，市民社会の形成を期待しうるように見て取れる。しかしながら，同時に，市民社会の形成がそれほど簡単なものではないことは，『コミュニティ』においてすでに自覚されていた。市民社会の形成を阻害するのは，『コミュニティ』で何度も登場する，人々の「無関心」である。「伝統型住民層」によって構成されていた地域共同体が崩壊すると圧倒的な「無関心型住民層」が生れ出ることになったという表現や，地域生活に無関心の度合いの強い若年雇用者層の大量流入といった字句から，無関心層の増大が懸念されている点を読み取れる。

　これら『コミュニティ』の論点は重要視されるべきものであるが，同報告書に対する地域研究者からの批判は多い。というのも，『コミュニティ』は，「農村社会の諸習慣を克服すべき対象に据え，市民社会的なつながりを到達点とみなす発達史観を有して」（石田 2015）いるからである。すなわち，その進化論的な地域づくりの姿勢に批判が集中しているのである。それでも，伝統的な地域共同体が衰退し，ガバナンスやソーシャル・キャピタルの重視される社会に

なるという予測は妥当なものであると考えられる。加えて，地域への無関心層の増大が描かれている点は大変示唆的であると言える。

　この地域への無関心層は，次第に増加し，2010年代以降に問題視されるようになった（石田 2015）。なぜ，地域への無関心層の増大が問題になるかというと，かれらは地域に対して無関心なだけではなく，地域に居住する多様な他者の抱えるさまざまな事情や切なる声に無関心であるからである。また，そのことにより，孤立不安社会が到来するからである。孤立不安社会は，都市に移り住んだ人々が，さしあたり地域の人々と付き合わなくても個人の生活を送れるようになり，地域における煩わしい民主的手続きから撤退するという，「地域への不関与」から生じる社会である（石田 2015）。そのような孤立不安社会の中では，人々が自らを受け入れてくれる関係性を探究する課題を背負うこととなり，自己承認をめぐって不安と恐怖の中で生きざるを得なくなるとされる（石田 2018）。こうした地域への無関心層の増大，換言すれば，地域への不関与をはじめとする他者とのやりとりからの人々の撤退は，日本だけではなく先進諸国において共通して見られる現代社会の特性となっている。

　以下，無関心が蔓延する要因について，マクロな視点からコミュニティについて論じるバウマン（2001＝2008）に基づき述べる。バウマンによると，社会における無関心を推し進めているのは，各国を往き来するような新しいグローバル・エリートたちであるという。かれらは，「完全に脱領域的な存在」（バウマン 2001＝2008：84）であり，コミュニティを必要としていないとされる。というのも，「弾力性」「人員削減」「外部委託」の時代を生きるかれらは，人々を関与と拘束によって支配することから撤退し，他者を規制する関心をなくしているからである。そのため，コミュニティにおいて秩序を管理し補修することは，いまや厄介な問題なのである。

　このようなエリートたちは，友愛的な義務にも関心をもたないという。バウマン（2001＝2008：90-91）は，「コミュニティという概念に不可欠なのは，「どれほど有能であるか，重要であるかとは関係なく，メンバーの間で利益を均等に分かち合う」という「友愛的な義務」である」と述べる。しかし，関与ではなく撤退の戦略を用いるようになったエリートたちは，利益を均等に分かち合おうとはしない。

　エリートたちのこのような無関心は，かれらの居住空間によってさらに推し進められるという。ゲーティッド・コミュニティという厳重に警備された門の

内側に居住するかれらは，再配分や長期の関与と揺るぎない義務を必要とする状況に出くわすことはない。かれら専用のコミュニティ内に，助け合いといった友愛的な義務を発生させるような決定的に助けを必要としている他者はいないからである。

　加えて，多文化主義の間違った使われ方により，エリートたちが自らのコミュニティとそれ以外の共同体を含めた大きなコミュニティを構想し，友愛の義務を果たさなければならないような事態は発生しないという。多文化主義の間違った使われ方とは，差異自体を何ものにもまして尊重しなければならないとするイデオロギーの誤用によって，公的には認められそうもない不平等を「文化的差異」として大切に育み，守るべきものに作り替えてしまう事態を指し示すものである（バウマン2001＝2008：160）。そうなると，世界には，弱者の暮らす共同体はいくつもあるものの，そうした共同体への介入は差異を無視するものとなる。そのため，イデオロギーの誤用は，困難を抱えて助けを求める人々からあっさりと撤退する理由をエリートたちに与えると同時に，その行為を道徳規範と照らし合わせる必要性からもエリートたちを解放するとされる。つまり，エリートたちは，弱者を見捨てているのではなく，自らと異なる弱者を尊重するがゆえにあえて関与しないのである。

　ただし，脱領域的な存在であるエリートたちも，不安や恐怖から逃れるために，結局のところ人とのつながりの恩恵は必要であり，コミュニティを探し求めているとバウマンは述べる。しかしながら，脱領域的な人々が探し求めるのは，いわば退出自由な同一的な人々からなる拘束性のないコミュニティであって，長期の関与が必要な異層間からなるコミュニティではない。したがって，結局のところ，創出されるコミュニティは，同質的な人々からなるコミュニティとなり，下位層からなるコミュニティには外部からのスティグマが公然と与えられという（バウマン 2001＝2008：182）。バウマン（2001＝2008：9）自身は，「掛け値なしに，互いに助け合」おうとする，あるいは「掛け値なしに，必要な援助がすぐに来ると期待」しうる，あたたかで居心地のよい寛容なコミュニティを望んでいないわけではない。しかしながら，そうしたコミュニティは，人々にとって手の届かない想像上の楽園であるとバウマン（2001＝2008）が述べるのは上記の理由からである。

　バウマンの議論は，グローバル・エリートと下位層という二層に焦点をあてたものである。しかし，これは，増大する無関心層としての中位層にも十分あ

てはまる議論である。かれらは，グローバル・エリートほど自由に脱領域化を果たせないかもしれないが，地域共同体に拘束されずとも生活することができる点は同じである。地域共同体の拘束性から逃れ，しかし同時に発生する不安と恐怖を回避するために，多様な他者と手をつなぐよりも自らと同様の他者と手をつなぎ，自らを守りがちである。それが正当化されるのは，バウマンが指摘した多文化主義の間違った使い方にある。すなわち，多様性の尊重という名の下の，あってはならない差異の放置と，それゆえに正当化される自己責任論である。

　日本は，自己責任論の強い社会であるとされる（湯浅 2017）。それは，困難を抱える子どもに対する場合でも同様である。日本において，子どもの社会的必需品として支持される項目が，イギリスと比較して格段に少ないことが指摘されている（阿部 2008）。また，日本社会は，特に上位層の自己責任論が根強い社会である。「学校教育に対する保護者の意識調査」結果によると，教育格差を容認する回答が調査年を追うごとに増えており，その中でも高学歴で経済的にゆとりのある層ほど「当然だ」「やむをえない」と容認する傾向があると示されている（ベネッセ教育総合研究所・朝日新聞社共同調査 2018）。日本社会は，中・上位層の無関心が蔓延している社会とも言い換えられるだろう。

　無関心を正当化する理由を与え，脱領域的な人々の不関与と撤退の戦略を野放しにすればするほど，社会の分断は広がる[3]。なぜなら，交わらない共同体がいくつも作り出され，階層化された社会の固定化が進むからである。社会の分断と階層・階級の固定化は，社会の秩序を不安定にし，人々を不安にする。上位層は，外の世界を恐れて，あるいは自分にも助けの手が差し伸べられないことを感じてゲーティッド・コミュニティにこもる。一方で，下位層は社会的構造から生じた困難に一人で我慢したり対処したりしなくてはならず，承認や自己肯定感を得られずに，生きる意味すら見失う。こうした社会において決定的に欠けているのは，バウマンの述べる，異なる階層・階級間における「友愛的な義務」を伴う交わりである[4]。つまり，さまざまな状況に置かれている他者に対して，ともに生きる仲間として手を差し伸べようとする相互扶助型のつながりの欠如である。そうした中で，豊かな者と貧しい者が「平行で交わらない世界」で暮らす空間的な二極化が進むほど，豊かな者から貧しい者は見えにくくなり，貧しい者の置かれた環境改善への働きかけといった政治的な重要性はますます低下してしまうのである（リスター 2004＝2011）。

　結局のところ，マイノリティあるいは下位層に属する人々は，近代社会における伝統的な共同体の中では，上位層の人々による抑圧的な同調圧力の中で尊重されなければならない差異を奪われ，近代社会から次の社会に移る現在の段階においては，上位層の人々による「撤退という高慢かつ冷淡な無関心」（バウマン 2001＝2008：122）によって尊重されてはならない差異を保護されていると言える。いずれにしても，「差異」の適切な尊重をされていないことに変わりはなく，それゆえに社会的承認の機会を逃し，人間としての尊厳やウェルビーイングを失う運命にあると考えられる。かかわりの中で抑圧されるのか，かかわらずに放置されるのか，どちらの方が困難をもたらすのかの議論をしたいわけではないが，近年見られる後者の方が分断社会を生みだし，社会秩序の崩壊と社会不安を引き起こしつつあると言える。それは，前者が社会における排除ならば，後者は社会からの排除に相当するためである。後者は，人間としての存在すら認められていない状況を指し，それゆえに排除される人々に過酷な状態をもたらす。宮本（2009：61-62）は次のように述べる。

　　　　新自由主義的な改革に喝采が起きた背景には，…（略）…閉塞感もあったであろう。人々は，息苦しい組織の外の自由な空間に思いをはせた。ところが，もともと仕切りの外の関係は希薄であり空気は薄かった。…（略）…いったんその外に放り出された人々にとっては，そこは経済的に不安定であるばかりではなく，人々を気にかける「まなざし」そのものが存在しない荒涼たる世界だったのである。

だからこそ，バウマン（2000＝2001）や石田（2015，2018）は，まずはかかわりのある世界へと戻るよう提案する。国家をはじめとして国際機関でソーシャル・キャピタル醸成への政策が進められたのも，その価値が目に見える数値として解明されたからだけではなく，こうした背景を看取していたからであろう。ただし，人々の自由な意思や言動を不条理に拘束するようなかかわりのあり方を変えていかなければ，今以上に上・中位層の多くはかかわりから逃避し，逃避できない困難層は支配者層からのより直接的な統制管理を受ける形で抑圧される。抑圧の問題は，被抑圧者が自らの望む生き方や自由を侵害されたり，不利益を被ったりするところにある。

　たとえば，近年過疎化の進んだ地域では，一人ひとりの子どもを大切にしようとする動きが盛んになっている。そして，保護者や地域住民は，これまで排

除されがちであった子どもにも目を向け，支援を行いつつある。こうした状況は，困難を抱える子どもの包摂と読み取れ，賞賛すべきものである。ただし，留意しなければならない点がある。それは，過疎を阻止するために，そうした子どもに目を向けており，地域を受け継ぐ者として包摂していることである。そのため，地域外への子どもの進学を阻止するような働きかけが子どもに対して行われる時もある。そのような状況下で，中位層の子どもは家庭の有する資源で地域外での進学を選択することができる。しかし，下位層の子どもは，進路選択の際に，その地域で生きることを陰に陽に迫られる場合がある。この問題点は，困難を抱える子どもの自由意思の抑圧に加え，貧困や困難の再生産を促すところにある。すでに，貧困の世代間連鎖の要因として，貧困世帯の子どもたちが，かれらの見えている世界の狭さゆえに，限られた範囲内でのローカル志向の強い進路選択を行うことが指摘されている（西田 2012，中村 2010）。子どもの進路選択において，地域外への流出を阻む包摂は，結果として同じ問題をもたらすのである。

　ここには，「通常のものに合わせる」包摂の問題（リスター 2004＝2011：14）が見え隠れする。この「通常のものに合わせる」お仕着せの包摂を回避するためには，どの包摂を子どもが選択するのか，その選択権を子どもに保障することが求められる。そうでなければ，貧困者が受動的な思いやりの対象として扱われる問題を回避できないばかりか，「包摂が，人々の多様性を排して，「同化」の装置になる」（岩田 2008：169）懸念をぬぐい去れないからである。ただし，選択権の保障も，差異の尊重と同じで，選ばせるべきではない選択肢がある。たとえば，セルフネグレクトと捉えられるような選択肢を子どもに選択保障するべきでないのは言うまでもない。

　現代は，他者との交歓による幸福感受性を磨き，多様な他者とのかかわりから共生社会のあり方を考えなければならない時代である。いつまでも伝統的な共同体の拘束と手放しの自由の間で揺れ動くのではなく，それらを超える社会のあり方を見出さなければならないだろう。この立場は，かつての濃い近隣関係を支援関係と安易に結びつけて地域社会を懐古的に眺めるものでも，現代の自由だけれども不安定で，しかも同質的であったり同調圧力の高かったりする仲間集団の行方を諦観しながら眺めるものでもない。すなわち，困難を抱える子どもや保護者だけではなく，無関心層の孤立と不安を和らげるような，すべての人にとって居心地のよい社会構想を企図するものである。そのためには，

異なる階層のかかわりのある社会へと戻すことと，尊重すべき，あるいはすべきではない差異を見極めながら，多様な価値を尊重する社会づくりを，子どもの生活圏としてのコミュニティベースで同時に進めるべきであろう。

　これらを踏まえ，本書は，子どもの幸福を実質的に保障する具体策の提示にかかわり，統制と無関心をめぐる上記問題を克服しようとする市民の役割にも着目するものである。統制的な，あるいは無関心な傾向のある市民の変容を扱うわけではないが，子どもの幸福を実質的に保障しようとする市民の活動を通して，多様な価値を尊重する共生社会の構築に向けたボトムアップによる支援方策の提示を試みるものである。

第5節　「ケア」を含む支援

　本書は，上記で述べた視点を考慮しながら，複合的困難を抱える子どもへの包括的支援のあり方と方向性について，公的セクターと市民による具体的な実践を通して提示するものである。

　第1章で述べたように，複合的困難を抱える子どもは，他者との相互信頼や相互承認を得にくく，自分に価値があったり，生きている意味があったりすることを感じにくい状況に置かれ，生きるすべだけではなく生きる意味すら見失う傾向にある。そうした中で，非困難層の人々の他者とのかかわりと友愛的な義務からの退避，および公的セクターの責任回避という官民両者の困難層からの撤退が進めば進むほど，困難を抱える子どもの状況の過酷さは増す。そして，困難を抱える子どもを見捨てる社会に，誰にとっても安寧のないことが，社会の分断を描くこれまでの先行研究に示されている（バウマン 2016＝2017）。したがって，複合的困難を抱える子どもの幸福を実質的に保障する活動や仕組みとしての制度が必要であると考えられる。

　ただし，これまで述べてきた現状を踏まえると，子どもの幸福に資するつながりづくりはそれほど簡単な作業ではないと言える。特に，あたたかで寛容でありながら，相手の困難に素早く真摯に応答しようとするケアリングの関係の構築は，かなり困難な作業となる。それでも，誰かが，当人にも自明ではないニーズに気づき，必要なときには手を差し伸べ，あとはそっと後ろから見守ってくれるような存在になれば，困難を抱える子どもは，自分の価値を認めながら，安心と幸せを感じて生きられるであろう。

　そのため，本書では，子どもの幸福を実質的に保障するために行われる支援の中でも「ケア」を含む支援を行いつつある事例を取り上げる。ここでケアについて整理しておく。福祉はそもそも人と人との相互支援であり，一定の基準をもってある状態を問題として可視化させ，それに対処できるようにするシステムである。しかし，制度的に定められた基準からこぼれおち，生き辛さを抱えながら社会でさまよう人々がいる。そうした人々をいち早く見つけ，考える間もなく手を差し伸べるのが，冒頭で述べた衝動としての福祉の姿である。衝動としての福祉を通じて，人と人はつながり，幸福な社会を築くためのスタートラインに立てる。この衝動としての福祉が，「ケア」と関連するものである。ケアは一見したところ見えにくい他者の困りごとに関心をもち，表出された／表出されないニーズを把握し，共感と想像力をもってそれらに応答するものである（竹内 2016，柏木 2020）。こうしたケアは，「他者の「生」を支えようとする働きかけの総称」（三井 2004：2）であり，「対象との共感・一体性や親和性を基本的な要素とする」（広井 1997：167）と述べられている。これらから，ケアには，他者の「生」を支えるという根源的な要素と他者との距離の近さという要素が含まれていることがわかる。

　そのため，ケアを軸とする関係性は，子どもが学びに向かう上での基盤になるものである。このことは，個人と社会の「経済的効用だけでなく，市民形成や優れた文化の継承・発展など，多様な目的や機能を持つものとして学校教育の役割をとらえ直す必要がある」（広田 2015：29）のであれば，なおさらであろう。困難を抱える子どもを支援する理由として，経済効率を前面に出し，納税者としての効用を用いる傾向があるが，人は，経済を繁栄させ，納税者となるためだけに育つわけではない。「分かち合いと相互の配慮で織り上げられたコミュニティ」（バウマン 2001＝2008）の創出のためには，関心と責任あるいは義務を有する寛容であたたかな市民の育成が必要なのである。そして，子どもが，他者と交歓する，良き市民として育つためには，まずはケアが必要とされるのである（秋田 2016）。本書では，こうしたケアを含む支援の実態について述べる。

　その前に，一点だけ述べておきたいことがある。それは，支援のあり方を考える上で，支援者の立場や状態に応じた支援の「程度」を考慮のうちに含む必要性があるという点である。つまり，子どもや保護者の抱える複合的困難を解消するような支援をすべての住民や市民ができるわけではないという認識をも

つことが大切であろう。おそらく，住民や市民に求められるのは，子どもへの
基礎的なかかわりという，支援の土壌づくりに相当する部分であろう。その中
に，本格的な支援としてのケアの芽がちらほらと出ているかもしれないが，福
祉の専門家ですら往生するケアをかれらに完全に押し付けるわけにはいかない
のである。したがって，公的セクター・専門家・住民・市民の各々にとって可
能な支援内容や方法や程度が違っているのは当然であり，違いに関する配慮も
必要であろう。ただし，公的セクターや専門家によるケアが，住民や市民によ
る子どもへの基礎的なかかわりという土壌の上になされれば，子どもは多くの
あたたかな空間の中で，適切に支援を受けられるようになるのではないかと考
えられる。そのため，あたたかな空間という土壌が，どれだけ分厚く広がりを
もつのかによって，困難を抱える子どもの幸福の保障のされ方が変わってくる
ように思われる。本書では，包括的支援を，この二層のかかわりやつながりの
中で行われる支援として捉えて論を進める。

　次章以降では，包括的支援に携わる地域住民・保護者・NPO等民間団体職
員・社会福祉協議会等福祉関連機関の職員・公的な専門職員・公的機関の行政
職員らが，それぞれの責任と義務を自覚しながらどのように協働しつつ実践し
ているのかを記述する。これらの事例を選定した共通する理由は，支援者たち
がケアを含む支援を行っていたことに加え，行政が子どもの支援に積極的にか
かわろうとする姿勢を示していたからである。本書では，公的セクターと市民
による包括的支援を描く中でも，特に公的セクターの役割に焦点をあてて，公
正な社会づくりにおける公の役割の重要性を問い直したいと考えている。

注
　1）ネットワークとは「アクターと呼ばれる行為者としての社会単位が，その意図的・非
　　　意図的な相互行為のなかで取り結ぶ社会的諸関係の集合」（金光 2003：i）である。
　　　ソーシャル・キャピタル論で重視される規範は，相互依存的な利益交換としての互酬
　　　性の規範である。結束型に見られる閉鎖的な集団内における特定の相手との間で成り
　　　立つ互酬性の規範は特定化互酬性である。一方，「お互い様」という言葉に表されるよ
　　　うな，社会全般での互酬性の規範は一般的互酬性として橋渡し型に分類される（稲葉
　　　2011）。
　2）たとえば，社会経済的下位層の親の学校参加の工夫（垂水 2015），教師や友人からの
　　　進路相談サポートの援助ネットワークの機能の活用（小澤 2015），高校退学・不登校・
　　　子どものストレスを抑制する水平的ネットワーク構築カリキュラムの開発（柏木
　　　2016b）などである。これらは，さまざまな困難を抱える子どものつながりを豊かにす

ることで，ソーシャル・キャピタルの恩恵を分配する公的機関の役割の重要性を示唆したものでもある。また，世銀などの国際機関は，発展途上国の貧困克服のためのソーシャル・キャピタル構築と分配に向けて実践的な調査研究を進めている（Narayan 1999, Woolcock& Narayan 2000）。

3）日本が分断社会へと移行しつつある点については，吉川（2018）や橋本（2018）を参照していただきたい。

4）権利と義務を考える上で，どちらが先なのか，あるいは義務を果たす責任を有するのは市民かそれとも国家なのかといった議論があるが，それらについて論じる力量はない。ただ，ここでは，義務を公正な社会づくりに不可欠な助け合いの要素であり，他者の自由を圧迫するわけではない緩やかなものとして捉えることとする。

文献

阿部彩（2008）『子どもの貧困――日本の不公平を考える』岩波書店。

秋田喜代美（2016）「子どもの学びと育ち」佐藤学・秋田喜代美・志水宏吉・小玉重夫・北村友人『教育　変革への展望 1　教育の再定義』岩波書店，97-126頁。

青砥恭（2009）『ドキュメント高校中退――いま，貧困がうまれる場所』筑摩書房。

秋山和宏・岩崎正洋（2012）『国家をめぐるガバナンス論の現在』勁草書房。

Bauman, Z.（2000）*Liquid Modernity*, Cambridge: Polity Press.（＝2001，森田典正訳『リキッド・モダニティ――液状化する社会』大月書店。）

Bauman, Z.（2001）*Community: Seeking Safety in an Insecure World*, Cambridge: Polity Press.（＝2008，奥井智之訳『コミュニティ――安全と自由の戦場』筑摩書房。）

Bauman, Z.（2016）*Strangers at Our Door*, Cambridge: Polity Press.（＝2017，伊藤茂訳『自分とは違った人たちとどう向き合うか――難民問題から考える』青土社。）

ベネッセ教育総合研究所・朝日新聞社共同調査（2018）「学校教育に対する保護者の意識調査」ベネッセ教育総合研究所。

Bourdieu, P. & Passeron, J. K.（1970）*Reproduction: In Education, Society, and Culture*, Bervely Hills: Sage Publications.（＝1991，宮島喬訳『再生産――教育・社会・文化』藤原書店。）

Bourdieu, P.（1979）*LA DISTINCTION Crithque Sociale du Jugement*, Éditions de Minuit.（＝1990，石井洋二郎訳『ディスタンクシオン I』藤原書店。）

Bryk, A. B & Schneider, B.（2002）*Trust in schools: A core resourece for improvement*, Russell Sage Foundation.

Coleman, J. S.（1988）"Social Capital in the Creation of Human Capital," *American Journal of Sociology*, vol. 94, pp. S95-S120.

福島賢二（2009）「「参加民主主義」による教育機会の平等論の構築――I. M. ヤングと K. ハウの「正義」・「平等」概念を中心にして」『日本教育行政学会年報』No. 35，97-112頁。

Garbarino, J. & Sherman, D.（1980）"High-Risk Neighborhoods and High-Risk Families: The Human Ecology of Child Maltreatment," *Child Development*, VOL. 51, No. 1, pp. 188-198.

Goddard, R. D. (2003) "Relational networks, social trust, and norms: A social capital perspective on students' chances of academic success, " *Educational Evaluation and Policy Analysis*, 25 (1), pp. 59-74.

Gotttfredson, D. & Dipietro, S. M. (2011) "School size, social capital, and student victimization," *Sociology of Education*, 84 (1), pp. 69-89.

橋本健二 (2018)『アンダークラス——新たな下層階級の出現』ちくま書房。

平塚眞樹 (2006)「移行システム分解過程における能力感の転換と社会関係資本——「質の高い教育」の平等な保障をどう構想するか?」『教育学研究』第73巻第4号, 391-402頁。

広井良典 (1997)『ケアを問い直す——〈深層の時間〉と高齢化社会』筑摩書房。

広田照幸 (2015)『教育は何をなすべきか——能力・職業・市民』岩波書店。

稲葉陽二 (2011)『ソーシャル・キャピタル入門——孤立から絆へ』中央公論新社。

稲葉陽二・大守隆・近藤克則・宮田加久子・矢野聡・吉野諒三 (2011)『ソーシャル・キャピタルのフロンティア——その到達点と可能性』ミネルヴァ書房。

稲葉陽二・大守隆・金光淳・近藤克則・辻中豊・露口健司・山内直人・吉野諒三 (2014)『ソーシャル・キャピタル「きずな」の科学とは何か』ミネルヴァ書房。

猪口孝 (2013)「日本——社会関係資本の基盤拡充」ロバート・パットナム『流動化する民主主義——先進8か国におけるソーシャル・キャピタル』ミネルヴァ書房, 308-340頁。

石田光規 (2015)『つながりづくりの隘路——地域社会は再生するのか』勁草書房。

石田光規 (2018)『孤立不安社会——つながりの格差, 承認の追求, ぼっちの恐怖』勁草書房。

石川素子 (2015)「フィンランド——普遍主義的福祉・教育制度のゆくえ」埋橋孝文・矢野裕俊『子どもの貧困/不利/困難を考える——理論的アプローチと各国の取組み』ミネルヴァ書房, 209-230頁。

岩崎正洋 (2011)『ガバナンス論の現在』勁草書房。

岩田正美 (2008)『社会的排除——参加の欠如・不確かな帰属』有斐閣。

金光淳 (2003)『社会ネットワーク分析の基礎——社会的関係資本論にむけて』勁草書房。

柏木智子 (2016a)「学校と地域の連携による校区ソーシャル・キャピタルの醸成」露口健司『ソーシャル・キャピタルと教育——「つながり」づくりにおける学校の役割』ミネルヴァ書房, 64-86頁。

柏木智子 (2016b)「子どもの「つながり」を醸成するカリキュラム・マネジメント」露口健司『「つながり」を深め子どもの成長を促す教育学』ミネルヴァ書房, 94-122頁。

柏木智子 (2017)「貧困問題を抱える子どもの文化資本と社会関係資本」『九州教育経営学会研究紀要』第23号, 5-9頁。

柏木智子 (2020)『子どもの貧困と「ケアする学校」づくり——カリキュラム・学習環境・地域との連携から考える』明石書店。

Karabel, J. & Halsey, A.H. (1977) *Power and Ideology in Education*, Oxford University Press. (＝1980, 潮木守一・天野郁夫・藤田英典訳『教育と社会変動　上・下』東京大学出版会。)

吉川徹（2018）『日本の分断——切り離される非大卒若者たち』光文社。

国民生活審議会調査部会（1969）『コミュニティ——生活の場における人間性の回復』。

国立教育政策研究所（2017）『OECD　生徒の学習到達度調査——PISA2015年調査国際結
　　果報告書　生徒の well-being（生徒の「健やかさ・幸福度」）』。

Lister, R.（2004）*Poverty*, Policy Press.（＝2011，松本伊智朗監訳・立木勝訳『貧困とはな
　　にか——概念・言説・ポリティクス』明石書店。）

松本伊智朗（2010）『子ども虐待と貧困——「忘れられた子ども」のいない社会をめざし
　　て』明石書店。

見田宗介（2018）『現代社会はどこに向かうか——高原の見晴らしを切り開くこと』岩波
　　書店。

三井さよ（2004）『ケアの社会学——臨床現場との対話』勁草書房。

宮本太郎（2009）『生活保障——排除しない社会へ』岩波書店。

内閣府国民生活局（2003）『ソーシャル・キャピタル——豊かな人間関係と市民活動の好
　　循環を求めて』国立印刷局。

内閣府経済社会総合研究所（2005）『コミュニティ機能再生とソーシャル・キャピタルに
　　関する研究調査報告書』。

中村高康（2010）『進路選択の過程と構造——高校入学から卒業までの量的・質的アプ
　　ローチ』ミネルヴァ書房。

Narayan, D.（1999）"Bonds and Bridges: Social Capital and Poverty," Policy Research
　　Working Paper 2167. Poverty Reduction and Economic Management Network, World
　　Bank, Washington, D. C.

西田芳正（2012）『排除する社会・排除に抗する学校』大阪大学出版会。

西岡晋（2011）「福祉国家論とガバナンス」岩崎正洋『ガバナンス論の現在』勁草書房，
　　141-164頁。

OECD（2001）*The well-being of nations: The role of human and social capital*, Centre for
　　Educational Research and Innovation.

小澤昌之（2015）「経済的にゆとりのない青少年の学校生活と人間関係——低所得層の生
　　徒における親しい人間関係をもとに」『都市社会研究』第7号，107-122頁。

岡正寛子・田口豊郁（2012）「子どもの発達に焦点をあてた地域の役割——子どもの認識
　　するソーシャル・キャピタルの測定から」『川崎医療福祉学会誌』21巻2号，184-194
　　頁。

Parcel, T.L. & Dufurm M.J.（2001）"Capital at home and at school: Effects on child social
　　adjustment," *Journal of Marriage and Family*, 63, pp. 32-47.

Peters, B. G. & Pierre, J.（2006）"Governance, accountability and democratic legitimacy," in
　　Bens, A. & Papadopoulos, Y. *Governance and Democrary: Comparing national,
　　European and international experiences*, London: Routledge, pp. 29-43.

Putnam, R.D.（1993）*Making democracy work: Civic tradition in modern Itary*, Princrton
　　University Press.（＝2001，河田潤一訳『哲学する民主主義』NTT 出版。）

佐藤学（2016）「教育改革の中の学校」佐藤学・秋田喜代美・志水宏吉・小玉重夫・北村
　　友人『教育　変革への展望1　教育の再定義』岩波書店，151-170頁。

志水宏吉・中村瑛仁・知念渉（2012）「学力と社会関係──「つながり格差」について」志水宏吉・高田一宏『学力政策の比較社会学【国内編】』明石書店，52-89頁。

垂水裕子（2015）「香港・日本の小学校における親の学校との関わり──家庭背景・社会関係資本・学力の関連」『比較教育学研究』第51号，129-150頁。

竹内常一（2016）『新・生活指導の理論──ケアと自治／学びと参加』高文研。

辻竜平・佐藤嘉倫（2014）『ソーシャル・キャピタルと格差社会──幸福の計量社会学──』東京大学出版会。

筒井淳也（2007）「ソーシャル・キャピタル理論の理論的位置づけ──効率性と公平性の観点から」『立命館産業社会論集』第42巻第4号，123-135頁。

露口健司（2016a）『ソーシャル・キャピタルと教育──「つながり」づくりにおける学校の役割』ミネルヴァ書房。

露口健司（2016b）「学級における「つながり」は学習意欲の格差を抑制できるか」『「つながり」を深め子どもの成長を促す教育学』ミネルヴァ書房。

露口健司（2017a）「学校におけるソーシャル・キャピタルと主観的幸福感──「つながり」は子どもと保護者を幸せにできるのか？」『愛媛大学教育学部紀要』第64巻，171-198頁。

露口健司（2017b）「学校における「主観的幸福感」と「主観的希望感」の決定要因──教育的剥奪，社会的困窮，ソーシャル・キャピタルの視点から」（日本教育行政学会自由研究発表資料2017年10月14日，日本女子大学）。

UNICEF Innocenti Research Centre（2007）*Child Poverty in Perspective: An overview of child well-being in rich countries.*

山野良一（2010）「日米の先行研究に学ぶ──子どもの虐待と貧困」松本伊智朗『子ども虐待と貧困──「忘れられた子ども」のいない社会をめざして』明石書店，187-236頁。

矢野聡（2012）「ガバナンスと福祉」秋山和宏・岩崎正洋『国家をめぐるガバナンス論の現在』勁草書房，43-61頁。

湯浅誠（2017）『「なんとかする」子どもの貧困』KADOKAWA。

Woolcock, M. & Narayan, D.（2000）"Social capital: implications for development theory, research, and policy," *The World Bank research observer*, Vol. 15, no. 2, pp. 225-249.

（柏木智子）

第Ⅱ部
子どもの複合的困難を乗り越えるための挑戦
【実践事例編】

第3章　子どもが安心して楽しめる学校づくり
——小学校におけるケアの実践——

　本章では，小学校に教諭・管理職として勤務してきた筆者がこれまで取り組んできた，困難を抱える子どもの個別事情に応じたケアの実践について述べる。近年，学校には，「チームとしての学校（チーム学校）」が求められている。その理由の一つは，学校の抱える課題が「より複雑化・困難化し，心理や福祉など教育以外の高い専門性が求められるような事案も増えてきており，教員だけで対応することが，質的な面でも量的な面でも難しくなってきている」(中央教育審議会答申 2015) ためである。本章では，子どもへのケアの実践について述べる際に，こうしたチームにも目を向け，どのようなチームによってケアを担おうとしているのかについても記述する。

　なお，以下の実践は，筆者のこれまでの経験を合わせたものとなっている。また，事例紹介においては，いくつかの事例を組み合わせたストーリーとし，個人情報保護への配慮を行っている。

第1節　子どもにとって楽しい学校

1　学校における多様性
　公立の小学校には，外国籍，外国にルーツがある，生活保護や就学援助を受けている，ひとり親家庭である，保護者に精神疾患がある，子ども自身に障害があるなど，多様な子どもが在籍している。それは，学校は自ずと配慮をすることが必然であることを意味する。

　まず学校では，困難を抱えているであろう子どものニーズを把握することが求められる。子どもは，抱えている困難な状況を自ら教員に伝えるとは限らず，往々にして誰にも言わずに過ごしている場合が多い。そして，手当を受けないままに，学校に来られない状態になったり，学校に来ても授業を受けられない状態になったりすることもある。したがって，困難な状況に陥るリスクの高い子どもを細やかに観察する必要がある。

登 校 姿

ただし、「○○さんは、☆☆だから、□□なのだ」というような、その子どもの置かれた☆☆の状況だけを見て、□□というレッテルを、特にマイナスのレッテルを貼らないように注意しなければならない。なぜならマイナスのレッテルを貼ることは、子どもに対して偏見をもって見ることにつながるからである。また、画一的な見方をしていると、表面的には何事もないように見えるものの、実は困難を抱えている子どもを見過ごしてしまうからである。それゆえ、子どもの姿をしっかり見つめ、子どもの行動の向こう側にあるものを捉え、子どもを理解していくことから指導や支援を始める。

2　子どもの背景を理解する

　子どものニーズを把握するために重視してきたのが、どのようなときでも、まずは子どもの背景に目を向けることである。私たちはよく、「子どもたちはたくさんのものを背中に背負って学校に来ている」「ランドセルには、教科書・ノート・筆箱だけではなく、その子どもの暮らしがぎっしり詰まっている」という話をする。これは、子どもの抱えている困難さを理解するための一つの言葉でもある。

　たとえば、朝、「おはよう」と声をかけても返事がない、近くに置いてあるゴミ箱をわざと蹴ってしまう、「おはよう」の言葉に「うるさい」と返してくる、そんな状況の子どもがいる。そんな姿をみると前の晩遅くに何かあったのだろうか、朝から家で叱られることがあったのだろうかと考える。教員がそうした子どもの行動の背景を理解しようとするかしないかで、子どもへの声のかけ方や関わり方が変わってくる。子どもの背景の理解は、少なくとも子どもの登校時から下校時までを通して心がけなければならないことであると考え、登校時の子どもへの声かけを行っている。

3　登校の保障を

　子どもの背景を理解し、ニーズを把握し、支援をするために、そして、子どもの学習権、つまり「教育を受ける権利」を保障するために、子どもの登校保

障を学校の最重要課題として掲げている。それは，子どもが登校したくなる学校づくりを通して，学校という一つの集団生活の中で教育を受けられるようにすることである。

　もちろん，「いじめ」被害がある等何らかの理由で学校が子どもにとって辛い場所になってしまった場合，避難をするということで登校しないことを認めていくこともある。また，病気や怪我等止むを得ない事情でお休みをしなければならない場合もある。ここでは，そのような状況を否定するものではなく，そのような状況も考慮した上で，あえて，登校の保障という言葉を用いる。

　たとえ，授業を集中して受けることができない，友だちとトラブルになってしまう等いろいろな課題があっても，学校生活を送る中で少しずつ学習は進み，人間関係が作られていく。教師にとっても，学校生活の中で見せる子どもの表情や言動から，今この子がどんな状況に置かれているのかを捉えることができる。そして，さまざまな形で関わることができる。学校の日々の教育活動，それは，授業であり，委員会や係活動であり，給食であり，休み時間を過ごすこと等であるが，集団生活の中で，子どもは少しずつ変わってくる。すぐに結果が見えない場合も，紆余曲折する場合もあるが，学年が進むにつれて，少しずつ成長する姿が見えてくる。だから，学校では，子どもの登校を保障していくことを一番大切にしている。

　しかし，何らかの理由で，遅刻，欠席を繰り返す子ども，登校することをしぶるという形で困りごとや訴えたいこと，甘えたい気持ちや願いを表す子どもがいる。通学の途中で引き返してしまう，家から出ようとしない，朝ごはんが進まない，朝布団の中から出ようとしない，家族みんなで寝いってしまっている場合もある。

　学校は，そのような子どもの登校をどのように保障していくのか，その支援について考え話し合い取り組みを進めている。

4　子どもにとって楽しい学校を

　登校を保障していくために欠かすことができない視点は，子どもが学校を楽しいところであると思えるかどうかである。

　登校しにくい子どもに，学校は毎日行くものであるという社会通念や理屈は通用しない。また，それを押しつけ，いわゆる力づくで登校を促しても，それは表面的で一過性なものに終わってしまう。

　ある一定期間，保護者や教員等から支援を受けながら登校することがあっても，いずれは子どもが主体的に登校するようになることが大切である。

　そのためには，子どもが自ら行きたくなるような学校でなければならない。

　子どもが，今日も学校へ行けばきっと楽しいことがある，安心して自分の力が発揮できる・・と思えるのはこんな時（状況）ではないだろうか。

【子どもにとって楽しい学校とは】
・大好きな先生に会って，こんないい話をしてもらった。
・受け入れてくれる学級や仲の良い友だちがいて，こんな楽しいことがあった。
・勉強がわかって，こんなことができるようになった。
・自分の仕事があり，その仕事ができた。友だちも喜んだ。
・分からない，できない，どうしたらいいかな，失敗してしまったということが，当たり前のこととして分かってもらえる。
・自分がかけがえのない一人の人間として大切にされ，たよりにされていると感じられる。
・子ども同士，教師と子どもの好ましい人間関係，信頼関係がある。

　次節からは，子どもの登校を保障するための取り組み内容と方法について，子どもが安心して楽しめる学校づくりの視点を取り入れながら紹介する。

第2節　登校保障のための取り組み

1　不登校・遅刻傾向にない子どもの登校支援

　学校では，子どもの登校を支援するために，まず，連絡なく登校していない子どもについては，なるべく早い段階で，中心となって児童の支援を担当する教員（以下，児童支援教員）もしくは担任が確認の電話を保護者に入れるようにしている。そして，登校しぶりがあることが分かったら保護者とよく相談をして，児童支援教員が家まで迎えに行く。近年，保護者が仕事のために子どもより先に家を出ている場合も多くあり，子どもが一人で家にいることもある。そうした子どもの多くは，児童支援教員が迎えに行くと，スムーズに登校できる場合が多い。毎朝，定められた時間に鍵をかけて一人で家を出るのは，子どもにとってそれほどたやすいことではない。特に，低学年であったり，気持ちが不安定な状態であったりするなら，なおさらのことである。また，保護者に連絡がつかない場合は，児童支援教員が家まで行き，子どもの様子を直接確認す

表3-1　登校支援　1日の基本の流れ

	いつ	どこで	誰が	何をする
① 登校の確認	始業前から始業時にかけて	校門	校長	・登校の様子をみる
		教室	担任	・健康観察をしながら出欠の確認をする ・欠席や遅刻の連絡が保護者から来ているか連絡帳のチェックをする
		下駄箱	児童支援教員	・靴があるかないかで登校しているかどうかをチェックする
		職員室	事務職員教頭	・欠席や遅刻の電話連絡を受け，担任へ伝える
	始業後	保健室	養護教員	・健康観察簿で出欠の確認をする ・欠席が続いている子どものチェック
② 保護者への確認	始業後9：00頃までに	職員室	児童支援教員又は担任	・欠席等の連絡がない場合，保護者へ確認の電話を入れる
③ 家への迎え	9：30頃までに	家庭へ	児童支援教員	・電話が保護者につながらない場合，家庭訪問をする ・登校しぶりがあり，保護者だけでは送り出せない，又は学校まで送るのが難しい場合，家へ迎えにいく

るようにしている。こちらの場合も，児童支援教員が家まで行くと，登校する場合が多い。基本的には，以上のことを毎朝繰り返す（表3-1）。

2　不登校・遅刻傾向にある子どもの登校支援

　毎日遅れがちな子どもの場合は，保護者と事前に話をして，以下二点の対応をとることもある。そうしなければ，1時間目の授業に間に合わず，学習の遅れが出てくるためである。

　　① 保護者と予め決めた時刻に児童支援教員又は担任が電話を入れる。
　　② 保護者と予め決めた時刻に児童支援教員又は担任が家に迎えにいく。

　これらを継続的に行うと，子どもも保護者も登校のペースが掴め，いずれは自力登校へと向かう場合が多い。ただし，上記二点が無味乾燥なあるいは敵対的な間柄で行われても功を奏しない。それらを行う際に，子どもや保護者とのつながりをつくることが重要となる。以下では，どのようにつながりをつくろうとしているのかについて，少し紹介する。

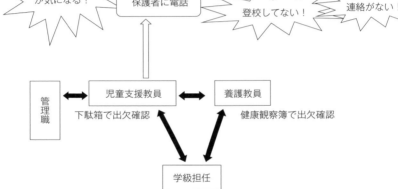

図3-1 登校支援の組織・動き

① 子どもとつながる

　子どもが登校をしぶる理由はさまざまである。「朝家で叱られた」「昨日学校や家で嫌なことがあった」「今日学校で心配なことがある」等々，今朝のことであったり，昨日のことであったり，今日のことへの不安であったりする。嫌なことや心配なことの内容も子どもによってさまざまである。友だちとの関係であったり，先生との関係であったり，行事や教育活動に関係する場合もある。子どもによっては，なぜ学校に行きたくないのか理由がはっきり分からない，何となく気が重いということもある。そもそも，ただ朝の用意が遅くなり家を

出そびれてしまっただけということもある。

　教員が家に迎えに行った際の子どもの様子もさまざまである。きちんと着替えが終わりランドセルの準備も整っていて，もう学校へ行くばかりになっている時にはすんなりと登校できる。しかし，まだ朝ごはんを食べ終わっていない，用意ができていない時には，焦らずに待つことも必要である。

　一緒に子どもと学校へ向かう道々，教員が子どもと何を話したり聞いたりするのかも状況によって違う。学校に行きたくない理由や気持ちを聞くこともあるし，全くそのことには触れずに，その子どもの興味のありそうなことや乗ってきそうなことを話すこともある。いずれにしても，教員と子どもがつながれる大事な時間であることは間違いない。

　このように，教員が子どもの状況や気持ちを把握し，子どもと関係を作りながら登校を促していく。

　登校しぶりが強い場合は，まずは，子どもが家から外へ出ること，次に学校の門をくぐること，そして学校の中の安心できる場所（保健室や職員室，校長室等）で勉強することも認め，最終的には学級の中で授業を受けることを目標に少しずつ段階を踏んで粘り強く支援をする。

② 保護者とつながる

　ほとんどの保護者は，次のように子どもに期待していることが多い。保護者が何も言わなくても，または少し促しただけで，子どもが自ら起きて，朝ごはんを食べて，衣服を着替えて，登校して欲しいというようにである。しかし，何らかの理由でそれがうまくいかない場合，保護者は困ってしまう。たいていの保護者は，子どもに合った声かけをする等，粘り強く子どもに関わり登校に結びつけていくのだが，保護者が子どもに朝の用意を促すことを諦めたり，逆に力づくで言うことをきかそうとして親子げんかになってしまったりということもある。

　そのように困っている状況を保護者が学校に話をできればしめたものである。困り感に寄り添いながら，前述のような支援方法を提案していくことができる。保護者が納得する形で支援をしていくことが大事であるし，継続的な支援もできる。

　しかしながら，保護者が子どもを家から出せないことを学校から責められていると感じた場合，また，保護者が子どもに登校を促すのをしんどいと感じた

場合,「子どもに熱があります」「病院に連れていきます」等と, 実際とは違う理由をつけて休ませてしまうこともある。それが何回も繰り返されるのは, 保護者が子どもの学習権を奪うことになることに加え, 子どもに嘘をついてその場を逃れることを教えてしまうことにもつながり, 子どもの健全な成長にとって非常に良くない。

　こうした状況を転じるために, 保護者が「先生, こんなことが大変なんです」「こんなとき困るんです」「先生, 力貸してください」「先生お願いします」と, 自分の困り感や家庭の困り感を学校に出せるような関係を作っていくことが重要であると考えている。そのために, 家庭訪問や面談を繰り返し, 話し込みをして, 学校と保護者がつながるように取り組んで行く。

③ チームで支援する体制

　上記のような登校支援は, 担任一人では到底できない。そのために担任外教員（児童支援教員等), 養護教員, 市費で配置されている子どものための支援員（以下支援員), 首席（教員のリーダー, 地域によって主幹教員とも言う), 管理職等で情報共有を進めながらチームとして動いていくようにしている。つまり, 子どもの登校支援を行うためには, 教職員がそれぞれの役割を担いつつ学校として体制をつくり, 動いていくことが大事である。

　学校体制の一例を以下に述べる。

　週に１回, ○曜日○時間目（授業時間内）に「児童支援委員会」を開催する。開催者は児童支援教員である。

　児童支援教員とは, 本項で述べている登校支援を中心に据えながら, 子どもが安心して学校生活を送ることができるよう子どもの支援全般を担う教員である。登校支援の他に, いじめ問題や虐待問題等も注視しつつ, 各学級の授業に入り込みをして児童の様子を把握したり, 必要に応じて子どもの聞き取りや保護者対応や保護者支援等を行う。

　会議の参加メンバーは, 児童支援教員の他に, 校長, 教頭, 首席, 養護教員, 支援学級担任, 担任外教員, スクールソーシャルワーカー（以下, SSW）である。授業時間内に行われるので, 学級担任は参加できない。しかし, 事前に放課後に行われる学年部会において担任から出てきた子どもの気になる状況についての情報を持って, 担任外教員がこの「児童支援委員会」に臨むので, 担任からの情報もここで吸い上げられることになる。

図３－２　「児童支援委員会」の資料の様式

1週間の登校状況（気になる子）　　○　年　○　月　２　日　～　○　月　６　日

×欠席　▲遅刻

学年	組	氏名	○月２日 月	○月３日 火	○月４日 水	○月５日 木	○月６日 金	備考・気になること	遅刻	欠席
1	1	A	▲ 9：10	○	▲ 9：25	▲ 8：40	▲	２日 8：45母にTEL「朝がうだうだで。今から出します」 ３日 8：30　４日 8：30祖母にTEL（○ t）8：55担任TEL「今起きました」	4	0
1	1	B	○	○	○	○	○	２日 8：15母送り登校　３日 8：20お迎え登校	0	0
2	1	C	○	○	○	○	○		0	0
3	1	D	○	○	○	○	▲	２日 8：15母送り登校　３日 8：20お迎え登校	1	0
3	2	E	○	▲	▲	○	○	３日 8：40「まだ準備しています」　４日 8：30TEL（○ t）母「妹を送りに行った時に連れていきます」	2	0
4	1	F	○	○	▲	○	○	４日 遅刻連絡あり	1	0
5	1	G	○	○	○	○	○		0	0
6	1	H	○	○	○	○	○		0	0
6	1	I	○	○	○	○	○		0	0
6	1	J	▲ 8：45	○	○	○	○	２日 8：40留守電 8：45登校	1	0

「児童支援委員会」の会議

この会議の中で，登校状況が気になる児童の１週間の登校状況を中心に，学級での様子や，保護者とのやりとりについて交流する。この会議に参加する，教員は多くの子どもに関わる立場であるので，その情報を持って子どもの指導にあたることができる。また，参加者それぞれが持っている情報もここで出されるので，子どもを多角的に見ていくのに非常に有効な場となる。また，SSW から専門的見解を聞かせてもらうこともある。この会議に参加する教員は，それぞれの立場でこの情報を活かした教育活動を行うことができる。

　そして，ここで交流されたものの中から深刻な状況の案件については，学級担任を入れてのケース会議を別途放課後開催する。ケース会議の出席者は，学級担任，児童支援教員，校長，教頭，首席，養護教員である。場合によっては，SSW，スクールカウンセラー（以下，SC），教育委員会指導主事，行政の関係機関職員が参加することもある。ケース会議では，これまでの経緯や，子どもの背景の詳細が出され，それに基づいてアセスメントを行い，教職員の役割分担をおこない，子ども支援に向けての動きを明確化する。

　大事なことは，子どもに関わる教職員が情報を共有すること，一致した方針で動くことである。情報というのは，子どもの情報もあるし，関係教員がどう動いているのかという情報もある。個々の教員に支援を任せるのではなく，学校で支援体制をつくり，気持ちの揃った教職員集団をつくることが，効果的な支援を生み出す。

第３節　学力保障のための取り組み

1　授業づくり

　先にも述べたように，登校を保障する上で次に重要なのは，学校生活の多くの時間を占める授業を楽しく受けられるかどうかである。それは，子どもの学力を保障することにつながる。授業の楽しさは，子どもの学校生活における意欲を大きく左右するものである。

　小学校入学時には，どの子どもも「お勉強がんばろう！」と思っている。それは全員と言っても言い過ぎではない。もちろん新たな未知の世界への不安な気持ちはあるだろうが，それでも入学して間もない一年生が「お勉強しよう！」「早くお勉強したいな」という気持ちでいることは表情から見て取れるものである。

　しかし残念ながら，学習が進むに連れて，学年が上がるに連れて，学習意欲が下がってしまう子どもが増えてきてしまうのが現実である。授業の進め方が子どもとうまく合わないことであったり，子ども自身が授業内容を理解することに時間がかかり諦めてしまうことになってしまったりと学習意欲の低下の原因はさまざまである。

　そして，困難を抱える子どもは，さまざまな理由で学習意欲が低くなりがちである。たとえば，睡眠や食事が十分でないために学習に向かうエネルギーが湧いてこないということもある。だからこそ，全ての子どもが学ぶことが楽しいと思えるような授業を作りたい。子どもが学びから逃げない授業を作りたい。それが，子どもの学力保障につながる。

【授業づくりで大事にしたいこと】
　・子どもが安心して授業が受けられる教室
　・「分からない」「教えて」「見せて」と言える場の設定
　・ペア学習や班学習を取り入れる。机の配置の工夫
　・友だちとつながりながら，共に課題を解決したいと思う授業
　・子どもが主体的に対話的に学ぶ授業デザイン
　・子どもが夢中になる課題の設定

班学習

ペア学習

2　放課後の学習支援

　学習事項の定着や家庭学習の習慣をつけることを目的として，学校からはほぼ毎日宿題を出している。

　宿題の内容は，教科書の音読，漢字を書くことや，計算問題をすること等繰り返し行うことでいわゆる「読み・書き・そろばん」と言われる基礎基本の定着を図るものが多い。自分で課題を決め調べたいことを追求する自主学習や，読書等の宿題も大切にしている。

　困難を抱える子どもにとって宿題を全てきちんとやって学校に持って来ることのハードルが高いように感じる。家庭の中に子どもが落ち着いて学習に向かうスペースがない，時間がない，わからない問題があった時に教えてくれる人が身近にいない，子ども自身が決められた課題をする意欲が持てない等，理由はさまざまである。

　そして，宿題をする子どもと宿題をしない子どもとの間に自ずと差が開いてしまう。差というのは，学力の差でもあるし，宿題を忘れることが繰り返されることで次第に自信を失くしてしまうといった，自尊感情や自己肯定感の差でもある。

　そこで，困難を抱える子どもの学力保障として，以下のように放課後に三つのタイプの学習教室を開き，宿題支援を行っている。

【放課後学習の形態】

```
＜学びルーム＞
○対象　　　高学年の家庭で算数の宿題をすることが難しい児童
○担当　　　学力保障担当教員
　　　　　　（＊1　校内の中心となって学校全体の学力課題に取り組む教員）
○指導者　　担当者
　　　　　　学習サポーター
　　　　　　（＊3　市費で配置される児童の学習支援員，週20時間程度の勤務），
　　　　　　学習支援者
　　　　　　（＊4　有償ボランティア，大学生や退職教員等，勤務時間は適宜）
　　　　　　（＊1，＊3，＊4の詳細は後述）
○いつ　　　毎日　放課後
○どこで　　算数教室
○何をするのか　　算数の宿題をする
```

学びルームのやくそく

1. おしゃべりをせずに，しずかに宿題をする。
   （教えあいは，しない）

2. わからないときは，手をあげてまつ。
   先生がすぐにこないときは，他の問題をさきにする。

3. 出来たら，先生に見せて，間違いをなおす。

4. 終わったら，消しゴムのカスをすてて，机，いすをなおす。

5. おしえてもらった先生におれいをいって，さよならのあいさつをする。

6. 友だちを待つときは，運動場やろうかでまつか
   出来る人は，うしろでしずかに本を読む。

○子どもたちへの呼びかけ

　家庭の中で宿題をすることに困っている子どもで特に「学びルーム」へ来て欲しい，来た方が良いと思う子どもが，放課後は自由に友だちと遊びたい等の理由で参加しないという傾向がある。そのために学力保障担当教員が，年度はじめに，高学年の教室に行って学びルームはどんな所なのか，子どもたちのやる気が湧くようにパワーポイント等を使って説明をする。

学校といえば、宿題・・・。

- 宿題は、毎日必ずあります。
- 宿題は、自分の力をのばしてくれるアイテムです。
- 毎日コツコツやれば、1年間で大きな力に！
- スポーツ選手、大工、看護師、漫画家、医者、消防士などすべての仕事には、宿題があります。
- 大人になっても、続く道ですが、今からその習慣を身につけていきましょう。

しかし！！

- 宿題はわからないときに困る・・・。
- だれにも聞けない・・・。
- 時間ばかりがすぎていく・・・。
- まちがえるといやになる・・・。
- 家では、ほかのことに気をとられる。
  たとえば・・・

学びルームのいいところ

- わからない問題をその場で聞ける
- 短時間で宿題が終わる
- 宿題がいつも100点満点
- 家に帰ってから、わからなくて困るということがない
- 一つ一つの勉強がわかる！＝できる＝楽しい＝勉強が好き＝自信がもてる。＝何にでもチャレンジ＝自分らしく生きる＝・・・

先ぱいたちが学びルームのいいところを書きました。

＜ワールドルーム＞

○対象　　　全学年の日本語指導の必要な児童，
　　　　　　外国にルーツのある児童
○担当　　　日本語指導教員
　　　　　　（＊2　外国にルーツのある児童を指導，支援する教員：詳細は後述）
○指導者　　担当者，学習サポーター，学習支援者
○いつ　　　毎日　放課後
○どこで　　ワールドルームの教室
○何をするのか　　国語の宿題をする（音読，漢字等）
　　　　　　　　　自国の文化や歴史を学ぶ
○子どもたちへの呼びかけ

　外国からの編入児童，外国籍や外国にルーツのある児童の多くは，家庭内言語が日本語ではないために，学校の宿題を家ですることに困難がある。ワールドルームはそのような子どものための教室である。

　入学時や編入時に担当の日本語指導教員から対象の保護者にワールドルームについて説明をする。保護者の日本語レベルによっては学校から市の教育委員会に通訳申請を行い，通訳を介して保護者に説明する。保護者は，このような支援があることに対して好意的に受け止め，ワールドルームでの活動を希望する。

　保護者が家庭の中で子どもに対して，放課後はワールドルームへ行くように促すとともに，学校では，日本語指導教員と学級担任が連携し，対象の子どもたちに個別に声をかけ，放課後の学習支援が確実に受けられるように配慮している。

○その他の取り組み

　ワールドルームでは，放課後に宿題をするだけでなく，子どもたちそれぞれの国の文化に触れる時間を設けたり，母語を勉強する時間を設ける等，自分のルーツを肯定的に捉えることができるような取り組みも行う。

　また，授業中は，子どもの日本語レベルに応じて取り出し授業を行い，特に国語や社会等言語を中心とした教科について，その学習内容が理解できるよう指導する。

ワールドルーム通信

Rainbow　ワールドルーム 通信　2019年4月26日　NO.2

ワールドルーム　放課後学習

ワールドルームでは「落ち着いて自分でできる力をつける」ことを目標に放課後の学習にとりくんでいます。始まってからの子どもたちは、たがいに教えあう姿が見られます。この先も「助けあい・支えあえる」仲間づくりをしてほしいです。

さて、明日から10連休ですね。長い休みですが、元気にすごしてください。
5月1日から新しい時代「令和」が始まります。「令和」には、人々が美しく心を寄せ合う中で、文化が生まれ育つ、という意味が込められているそうです。

2019年度　ワールドルーム担当

5月の予定

5月25日（土）　多文化春のつどい（〇〇小学校）
＊申込書を配っているので、参加したい人は
　提出してください。（締め切り5月8日）

ワールドルーム　放課後学習の予定（5月）

（月）	（火）	1（水）	2（木）	3（金）
		休	休	休
6（月）	7（火）	8（水）	9（木）	10（金）
休	○	×	○	○
13（月）	14（火）家庭訪問	15（水）家庭訪問	16（木）家庭訪問	17（金）家庭訪問
×	○	○	○	○
20（月）	21（火）	22（水）	23（木）	24（金）
○	○	○	○	2・3年○ 4・5・6年×
27（月）	28（火）	29（水）	30（木）	31（金）
○	○	○	○	○

☆家庭訪問よろしくお願いします。担任の先生と一緒に行かせていただきます。お話できるのを楽しみにしています。

＜支援ルーム＞
○対象　　　　支援学級在籍児童
○担当　　　　支援学級担任
○指導者　　　支援学級担任
○どこで　　　支援学級の教室
○何をするのか　　　宿題全般
○子どもたちへの呼びかけ
　支援学級在籍児童にはきめ細やかに支援学級担任と通常学級担任が連携をとり指導・支援を行っている。放課後の学習支援についても特別支援学級担任が丁寧に保護者や子どもに説明して取り組んでいる。

3　長期休業中の学習支援

　夏期休業は長期となるので，既習事項を忘れないように基礎基本の繰り返しの宿題と，自由研究や自由工作，日記，読書感想文等，じっくり時間をかけて行う宿題を出している。

図3-3 夏の宿題教室の案内

（　　　　　）さん **夏の学習会へようこそ！**

夏休みの宿題と筆記用具を持って、まなびルームに来てください。
学年によって時間が違うので気をつけてください。
教室には先生がいて、勉強を教えてくれます。

日	時間
7月30日（火）	9時00分〜11時45分
8月 2日（金）	9時00分〜11時45分

前半（9：00〜10：15）	後半（10：30〜11：45）
学年 **1・5・6**年の人が来る時間	学年 **2・3・4**年の人が来る時間

場所　まなびルーム（南校舎3階　5年・6年生の教室の間）

　学習が定着していない子どもを対象に，宿題教室を数日間開催する。その時間だけで全ての宿題を終えられないが，子どもにとっては，分からないところを先生が教えてくれて宿題が進む実感が持てる。保護者にとっては長期休みであっても学校が宿題を見てくれて助かる，だから残りの宿題は家庭でしっかりみる努力をしようと思う効果がある。

　1学期の個人懇談会の時に，学習が定着していない子どもの保護者に直接学級担任から夏の宿題教室があることを紹介する。そうするとほとんどの保護者は好意的に捉え，子どもたちはそれぞれの家庭で保護者に促されて参加するようになる。

　低学年の子どもの中には，夏期休業中には1日学童保育に行っている子どもも多くいる。学校は，学童保育の指導員とも連携をとり，子どもたちは学童保育室で指導員に促されて忘れずに参加する。

　夏の宿題教室は，放課後の「学びルーム」「ワールドルーム」「支援ルーム」の担当教員だけではなく，時間的に，通常の学級担任も子どもの指導に当たることができ，担任と子どもがつながる良い機会にもなっている。

4　豊かな出会いや体験の保障　〜キャリア教育の視点より〜

　困難を抱える子どもが，これまでの生活の中でいろいろな人と出会うことやさまざまな体験をする機会が少ない点は第1章で述べた通りである。そのため，

学校では，子どもたちにさまざまな人との出会いや体験を提供する教育活動を意図的に行っている。

　かつて学校週5日制が導入された時に，授業時数を確保するために学校行事や活動の精選に努めることという通達が出された。それを受けて遠足や芸術鑑賞等は各家庭や地域が担うということで良いのではないかという論議が起きたこともある。

　しかし，学校の教育活動の中で誰もが平等に経験できる，体験できることは，家庭によって生じる経験知の差を埋めることができる。また，同時に，困難を克服して前向きに人生を歩んでいる人との出会いや，さまざまな職業の人と出会うことは，子どもが自分の生き方やあり方を考えて行くうえで非常に大切であると考える。それはまさしくキャリア教育につながる。

　以下，学校の教育活動の中で実施している特徴的な体験学習や出会いの学習例を挙げる。

・むかしあそび　・・・　地域の福祉委員会，老人会のみなさん
・いのちの誕生　・・・　看護師，助産師
・性教育（自分のからだを大切に）　・・・　保健師
・口腔衛生教室・・・歯科医
・薬物乱用防止教室　・・・　警察官，保健師
・牛の学習　・・・　牛の解体業をしている方
・コリアタウンへフィールドワーク　・・・　在日韓国・朝鮮の方
・大学へ行こう　・・・　大学のゼミ生や大学の先生
・絵本の読み聞かせ　・・・　地域の読み聞かせボランティアの方，絵本研究家
・暴力から身を守るワーク　・・・　地域 NPO 団体
・水難防止教室　・・・　水難防止学会の方
・防災教室　・・・　消防士，被災された方
・防犯教室　・・・　警察官，警察官 OB
・税教育　・・・　税理士
・パッカー車体験　・・・　ゴミ収集に携わる方
・オリンピアンと一緒にスポーツ　・・・　オリンピック選手
・パラリンピアンと一緒にスポーツ　・・・　パラリンピック選手　　　　　　等々

　子どもが多くの他者と出会ったり，体験をしたりする活動には，計画，アポイントメント，打ち合わせ等の時間を必要とする。それらのマネジメントは，担任，内容によって首席及び児童支援教員，場合によっては管理職が担ってい

る。多くの出会いや体験は子どもにとって貴重な時間であり，子どもが夢を持って歩んでいけるよう，子どもの将来につながることを見据えて取り組んでいる。

第4節　SSW，SC と連携した事例

　困難を抱える子どもは，さまざまな気になる行動をとる。前節で述べたような支援内容とそのための体制を整えた上で，学校はその気になる行動を子どものSOS 発信として捉え，個別に対応していく。

　まずは，なるべく早い段階でケース会議を開き，情報を共有し，行動の背景にあるものは何なのかアセスメントをする。目標設定，具体的な動きを決め，役割分担をして，課題解決に向かう動きを作る。

　ケース会議への参加者は，学級担任，関わっている教員，管理職を基本としている。ケースの内容や重篤度によっては，SSW，SC 等の専門家，教育委員会，さらに，子ども支援センター等の行政機関が入る場合もある。

　問題が多様化し子どもの背景が複雑化しているケースが多い昨今は，学校だけでは解決するのは難しい。教育委員会から学校へ派遣されている SSW や SC といかに連携するのか，SSW や SC をいかに活用するのかが問題解決の鍵となる。

　以下，学校が，困難を抱える子どもへ，どのような目標を立ててどのように支援しどのように課題解決に向けて動いたのか，3つの事例を挙げたい。

〈事例Ⅰ　母親から自立した A さん〉
　A さんは，知的障害による精神疾患のある母親と生活保護を受けながら二人暮らしをしている。3 年生初日に突然大きなマスクをして登校し，一切学校で声を発しなくなった。母親は「学校で嫌なことがあったから家でも一切しゃべらんようになった」と言うが，それまでの関わりから，母親による子どもへの束縛ではないかと学校は考えた。しかし閉ざされた家庭環境の中でそこを追及するのは難しく，まずは母親の困り感に寄り添う形でなるべく母親とコミュニケーションをとるようにした。
　1 年後にマスクは外れ，今まで何ごともなかったかのように会話をするようになった A さんであったが，SSW・SC と相談を重ね，A さんが母親を乗り越

え将来的に自立する力をつけられるように，Aさんが安心して学校生活を送ることができること，Aさんに自分の思いや考えを表現する力をつけることを目標設定した。そして，Aさんにとって居心地のよい学級を作ること，AさんをSCとつなぐこと，学校が母親とコミュニケーションを取り家庭が閉ざされないようにすることを重点課題とした取り組みを続けた。

　AさんにSCをつなげるときには，「家でも話をしなくて困っている」という母親の困り感からスタートしたが，実際には，母親は子どもがカウンセリングを受けることに対して警戒しているようであり，子どもの体調不良や学校で嫌なことがあった，用事がある等を理由にカウンセリングをお休みするような動きを取ることも多くあった。しかし，母親の思いに反してAさんがカウンセリングの時間を好ましく思っている，楽しみに思っていることはその表情や態度から見て取ることができたので，母親のカウンセリングに対する不安感が募らないように，カウンセリングが安定的に継続できるよう細心の注意を払い心配りをした。

　Aさんが6年生になってしばらくしてからのこと，母親との関係の中で嫌なことがあるとSCに打ち明けた。「家のことを話してはいけないと言われていたのにしゃべってしまったから怒られる，怖い，もう絶対家には帰りたくない」と初めて母親への気持ちを表出した。

　学校はすぐにAさんの訴えや気持ちを確認した後に市教委及び子ども家庭センターへ報告し，即日Aさんは保護された。保護される前に初めてAさんは自分の言葉で「先生，私は学校がとても好きだった，楽しかったから毎日いつまでも学校に残っていたかった，家に帰るのは嫌だった，でも早く帰らないと怒られるから言うことを聞いていた」と話した。別れる間際には「有難うございました」とその場にいた担任，SC，管理職にていねいに頭を下げて学校を後にした。

　その後，Aさんは施設に入り，新たな環境の中でしっかりと生活をしていると聞いている。通常，子どもが保護されるまでにはもう少し時間のかかる場合があるが，Aさんが即日保護された背景には，これまでの学校と市教委及び行政機関との連携がある。

　Aさんが5年生のときに，母親から「体調が悪いので入院をしなければならない，でも子どものことが心配」という相談が学校へあった。学校はすぐに行政へ相談し，子育て短期支援（児童養護施設へのショートステイ）事業が受け

られるように動いた。その際，学校はAさんが近い将来母親から離れて暮らすようになることも想定し，たとえ短期間であってもAさんが施設へ入ることに不安がないよう，Aさんにとって施設のイメージが悪いものならないよう配慮した。入所初日には母親と一緒にSSWが付き添った。施設の車の送迎で登校できるようお願いをしたり，担任と管理職で夜間訪問をしたり，学校と施設とで連携を図った。Aさんが自身の気持ちを訴えられたり，行政（子ども家庭センター）がすぐに保護を決断したりしたのは，これまでの連携で培った，子ども－学校－行政の三者における信頼関係があったからだと思われる。

〈事例Ⅱ　登校の保障①　学校と保護者との信頼関係づくりから〉

　小学校低学年のBさんは，幼稚園から以下の引継ぎを受けた子どもであった。それは，保護者が朝に起きられないために欠席が多く，幼稚園での活動経験が少なく，非常に幼いというものであった。

　入学当初は集団登校をし，元気に通っていたBさんであったが，2学期に入ると体調不良等の理由で次第に欠席や遅刻が目立ち始めた。そして，家庭に電話をしてもつながらず，無断欠席をするようになってきた。

　そこで，校内不登校対策委員会にて，Bさんの状況の把握と情報の共有を図り，登校支援に向けての方針を以下のように立てることとなった。不登校対策委員会出席者は，管理職，担任，不登校担当教員（児童支援教員），養護教員，SSWである。

　まずは，家庭の状況を把握するために保護者に来校を求めた。担任，児童支援教員，管理職が時間をかけてゆっくりと母親に話を聞いていくと，次のようなことが分かってきた。

　父親は早朝からの勤務である。父親の帰宅を待って，母親は夕方から近くの職場に出勤し夜中の12時まで働く。深夜1時頃に帰宅してから父親の弁当を作って就寝するが父親の出勤に合わせて4時に一度起床する。父親を送り出したあと再度寝て子どもの登校に合わせて起床するが，疲れて起きられないこともある。子どもだけで朝の用意をすることはできないので，そういう日はお休みすることになる。何とか登校時刻に間に合うように起きられたとしても，用意がはかどらないことで子どもを叱ってしまい，子どもがぐずって泣き，余計に子どもを家から送り出すことが大変になる。

　このような話を受けて，担任及び児童支援教員が母親と以下のような約束をした。

・朝 7：30に児童支援教員から電話を入れる。
・母親は，子どもが集団登校に間に合うようにできるだけ家を出すようにする。
・母親の力だけでどうしても子どもを押し出すことができそうもない時には「迎えに来て欲しい」と，学校に SOS 発信する。母親からの SOS 発信があったときは担当教員が迎えにいく。
・母親が一人で抱え込むのではなくて，父親と母親が協力しあって，子どもが早寝早起きができるよう子ども中心の生活リズムを作れるようにする。

　このような約束事をすると，最初のうちは B さんの登校が順調に進む。しかしながら，しばらくすると，電話がつながらない日が出てきたり，「朝から熱があるから」「夕べもどしたから」「病院に連れていきます」等の欠席連絡が入るようになる。

　本当に体調が悪くて欠席するのは仕方がないのだが，翌日子どもに家での様子を聞くと「病院には行ってないよ」「家で遊んでいたよ」「お熱はなかったよ」と言う。また，「「お母さんから病院に行ったって先生に言うんやで」と言われたよ」と子どもが言うこともあり，親が子どもに口止めをしていることが分かる。子どもに本当のことを言ってはいけないと感じさせてしまうこと，子どもが嘘をつく状況を作ってしまっていることに心が痛む。

　再度，担任や児童支援教員，管理職は保護者に「寝坊して学校に行く用意が遅くなってしまったとき，子どもがぐずって朝の用意が進まない時には，遠慮なくその旨を言ってくださいね」と話をし，保護者と学校とで連携を取りながら一緒に子どもを育んでいくのだということが実感できるよう進めていくようにした。

　このように，粘り強く保護者と話をし，関わっていくことで，保護者は学校に対して信頼を置くようになってきた。

　保護者と学校との信頼関係の上に立ち，B さんの登校が安定することで，B さんにとっては友人関係が良くなり，学習事項も定着しはじめ，楽しく学校生活を送るようになった。

〈事例Ⅲ 登校の保障 ②〉

　Cさんは，３年生後半に，ゲームやPCを触っていて昼夜逆転の生活となり登校しぶりが始まった。Cさんは実の両親と一緒に暮らしているが，表向きは父子家庭になっている。生活保護を受給し，父親は精神安定剤を飲んでいる。

　学校は，コミュニティソーシャルワーカー，SSW，保健師とケース会議を開き，Cさんが不安定になった背景を検討した。ケース会議の中で，同居している未成年の姉が未婚で妊娠・出産をし，その間，姉と両親との間にトラブルが絶えず，その結果，姉は乳飲み子とともに家を出てしまい，そのようなことに心を痛めたCさんは逃避から昼夜逆転の生活になったのではないかと分析した。

　学校は，市職員である生活保護ワーカーにCさんの状況や学校が築いた親との信頼関係を伝えた。ワーカーは状況を理解し，子育て上の困り感を父親から引き出して「実生活を共にしている母親と協力して子育てにあたる方が良い」と父親にアドバイスをした。その結果，父親と母親は再び婚姻関係を結び，家族の再建が図られた。

　その一方で，学校は粘り強く毎日家庭訪問を続け，保護者と連携を密にとった。Cさんはやっと校門をくぐれるようになり登校できるようになったが，教室には入れないことが続いた。教室で安心して授業を受けられることを目標にしつつも，Cさんの学習する場所の保障，居場所の保障として主に保健室，時には職員室や校長室で過ごすことも認めていった。Cさんの安心できる場所を提供しCさんの気持ちを大切にしつつ，学習が遅れないよう配慮しながら個別対応を続けた。

　また同時に，運動が好きであるCさんの励みになるよう，サッカーの得意なSSWがCさんを運動場や体育館に連れていき一緒に体を動かす時間も設定した。そこにCさんと同じ学級の児童が一人二人と参加するようになり，Cさんは学級の中に居場所ができるようになっていった。

　そのような対応が実ったのか，家庭の形が安定してきたからなのか，４年生２学期からは欠席が減り，３学期には教室で授業を受ける時間が増え，翌年の５年生になってからは，生まれ変わったように，全く登校しぶりがなくなった。

　Cさんは，学級の中ではむしろリーダーシップをとる存在となり，前向きに学校生活を送るようになった。

第5節　行政からの支援

　以上，第2，3，4節で，小学校におけるケアの実践の具体を述べてきた。手厚く，きめ細やかな実践をチームで行うためには，行政支援，特に人の配置についての行政からの支援は欠かすことができない。そこで本節では，前述の実践に関わり行政からどんな立場の人が学校に配置されているのかを記述する。

　まず，児童支援担当教員と学力保障担当教員，日本語指導教員が加配教員として配置されている。児童支援担当教員は，不登校・いじめ・虐待等の課題に対応することを目的に配置される加配教員であり，学力保障担当教員は，学力の向上を目的に配置される加配教員であり，日本語指導教員は，外国籍児童や外国からの編入児童等で日本語指導が必要な児童が多く在籍する学校へ配置される加配教員である。加配教員は，全ての学校に基準にそって配置される定数教員に加えて，学校の課題に応じてその課題を解決するために特別に配置される正規教員である。この加配教員は学校の中心的存在として，さまざまな取り組みの推進役となり，計画，調整，実践を行っている。それぞれの目的に応じた加配教員であるが，加配教員と学級担任とが連携をとることで，厚みのある支援や指導，取り組みができる。特に課題の多い学校にとってこの加配教員の配置は大変有難いことである。

　次に，学習サポーター（市）の存在も重要である。学習サポーターは，教員免許有資格者で，低学力の児童や発達に課題のある児童への学習支援を目的に市より年間を通じて配置される臨時的任用職員である。市教育委員会が募集をかける。登録者は，教員免許所有者や退職教員等である。落ち着いて授業を受けるのが苦手な児童やコミュニケーションを取るのが苦手な児童が増えている中，一人ひとりにきめ細やかな学習支援をするために非常に有効である。週に20時間程度の勤務であり，授業への入り込みや，放課後の学習支援，長期休業中の学習支援，場合によっては学校図書館の整備や教材教具の作成等も行う。

　さらに，学習支援者（市）として，教員志望の大学生や退職教員等の，有償ボランティアが派遣される。当事者と学校とで時間設定と活動内容を決めるが，授業への入り込みや放課後，長期休業中の学習支援が主な活動となる。勤務時間は，適宜決めることができる。

　日本全国での導入が進んでいる，SSWとSCは，教員とは異なる立場や視

点から児童・保護者支援をする存在である。SSW は，福祉と教育をつなぐ専門家として，中学校区に１人配置される。一般的に複数校をかけもちしていて，課題校には，週に１回，普通校には，１か月に１・２回程度の配置となっている。SC は，子ども，保護者，教員の心の問題に寄り添い解決の手助けをする専門家として，月に１，２回程度の市からの配置となる。

　その他，介助員が，支援学級に入級している児童への生活介助として年間を通じて市から配置される。本章では触れられなかったが，登校から下校まで，教室移動や休み時間の活動等，障害のある児童が，安全に安心して学校生活を送るために欠かすことができない存在である。支援学級担任と連携して介助を行っている。

　こうした人の配置だけでなく，行政からの支援として，子どもにとって分かりやすい授業や安心できて楽しく思える学校になるための物品支援，学校が特色ある取り組みを推進するための講師謝礼金や備品・消耗品購入等自由に使える予算の支援は学校現場にとって大変有難い。今後社会を形成していく未来ある子どもが育つ学校現場への予算立てについて，今後も行政に対しては優先的に考えていただきたいと切に願う。

第６節　子どもの心に灯をともす
──求められる学校の役割──

　これまで述べてきたことから，困難を抱える子どもへの包括的支援のために求められる学校の役割は，以下四点にまとめられると考える。

　一つ目は，子どもの抱える困難さを早期発見し，早期対応の動きを作ることである。学校は，毎日子どもが登校してくる所であり，子どものわずかな変化を見つけることができる。子どもの見せる姿，特にそれが気になるものである時，それを子どもからの SOS と捉える。そのためには，教員の「一人も見捨てない」「一人ひとりを大切にする」という高い人権感覚が必要である。

　二つ目は，子どものわずかな成長を捉え，それを話題にしながら子どもを真ん中に据えて保護者と学校がつながることである。学校は保護者の困り感や願いに寄り添いながら，コミュニケーションが途切れないよう継続的に関わっていくことが大切である。

　三つ目は，一時的，側面的な対応で終わるのでなく，子どもをトータルに総合的に把握することである。子どもの変化を長期的に見とりながら，多角的視

点から支援が継続できるよう他機関に働きかけることが大切である。

　四つ目は，子どもが安心して通うことができる学校にすることである。一人ひとりに居場所のある魅力ある多様な教育活動を展開するとともに，分かる授業，楽しく意欲のわく授業，学びのある授業を工夫し，子どもに確かな学力と豊かな人間性を育み，将来に向けて，社会的に経済的に自立できる土台を作っていくことが，学校の果たすべき役割である。

　困難を抱える子どもを真ん中に据えての包括的支援をするためには，入り口のところでは，複雑に絡み合った子どもの持つ背景を捉えて理解に至るまでに時間を要する。そして，背景が深刻なほど子どもの将来を見据えての長期戦となる。学校と専門家がしっかり連携をとり，関係者がチームとなって動き，途切れることのないトータル的で継続した支援を実現させることが必要である。

　そのためには，行政による支援も欠かせない。

　まずは，教員配置である。困難を抱える子どもは，学校を通じてケアがなされて，ようやく登校できるようになり，学習に向き合うようになる。そのケアには，時間と労力が必要となる。子どもへの時間と労力だけではなく，保護者とつながる時間と労力も要する。事例で見たように，保護者とつながらなければ，子どもは登校できなかったり，もちろん学習にも向かえなかったりする。そうした子どもの状況を，SSW や SC だけで変えるわけにも，保護者や地域住民の自主努力によって変えられるわけでもないのが現状である。やはり，子どもの学習権の保障を見据えて，教員が中心となって取り組むからこそ，子どもが学校に来られるようになるし，学習をがんばってみようと思えるようになるのではないだろうか。そのためには，子どものケアを十分にできる体制を整えるための，人員配置が非常に重要となる。この人員配置において，時間制・契約制の教職員の配置でまかなおうとする傾向がみられる。ところが，それでは，安定的で継続的な支援がしにくいうえに，そのマネジメントに管理職は多くの労働時間を要す。子どもにとって安定した学校体制をつくるためには，やはりそもそもの正規教員の配置を充実させる方がよいのではないかと思っている。同時に，SSW や SC の配置のあり方も検討することが望まれる。

　次に，財政的あるいは物質的な支援も重要である。楽しい授業づくりやキャリア教育を行うためには，教材や講師招来，体験活動にかかわる費用が必要となる。子どもが多様な他者との出会いと体験によってより豊かに成長することを考えると，こうした費用は学習保障のための基盤となるものである。

　学校教育においては，いつの時代でも変わらぬ「不易」とその時代時代に合った「流行」を見極めながら子どもたちの教育を進めていくことが重要であると考える。

　教員にとって一番大切な仕事は，"一人ひとりの子どもの心に灯をともす"ことであり，それが教育であるとも言われており本当にその通りであると思う。まさにこれは，教育の「不易」の部分であり，明日の，未来の子どもたちを育てる仕事に携わる者として大事な使命である。

　"子どもの心に灯をともす"とは，どういうことであろうか。子どもには，大人以上に「よし，もっとがんばってみよう」「そうか！　そういうことだったのか」「できるようになった！　うれしいな」といろいろな場面で，そして何かのきっかけで前向きに進んでいこうと心が動く瞬間がたくさんあるように思う。そのような心の動きの連続，積み重ねによって，子どもは成長していく。教員の仕事の勝負どころは，いかに，子どもの心が前向きに動くであろう場面や機会を設定し，子どもに問いかけ，しかけていくことができるのかである。

　しかし，子どもの心は複雑であり繊細でもあり，教員が自分に対して本気に向き合ってくれているかどうかを試す行動を取ることも多い。特に近年では子どもを取り巻く環境の変化も相まって，教員と子どもの間に心のずれが生じることも多いのではないだろうか。子どもの表す態度や求めてくることに対して，教員がそれを抱えきれずに精神的に参ってしまい，病気休暇を取る，退職をする割合が他の職業に比べて多いと言われてから久しい。

　そのような課題を克服する一つとして，教員は，子どもの表面的な部分だけを見るのではなく，子どもの見えない部分，つまり子どもの持っている背景をよく見て，理解していくことが大切である。そうすることで，自ずと，子どもの「心の動き」が見えてくる。そしてそれは時に「先生，分かって」「先生，しんどい，辛い」「先生，こっち向いて」……という子どもの「心の叫び」として聴こえてくる。それが分かっても，子どもの心にフィットする適切な対応ができるかどうか，容易なことではないが，しかし，子どもの持つ背景を理解しようとすることが全ての指導や支援の基本であり，困難を抱える子どもに対してはなおさらである。子どもを取り巻く環境はますます多様化する中，厳しい課題・困難を抱えている子どもが増えていると感じる。その今日的課題を解決するためには"深い子ども理解"の上に立った指導や支援が欠かせない。

　子どもたちが，予測困難なこれからの社会の中で，たくましく希望を持って

明るく生きていくことができるように，学校教育の中で「生きる力」をしっかり育んでいきたい。「教員の働き方改革」「学校の業務改善」が課題とされている今であるが，困難を抱える子どもの支援に学校の果たす役割は非常に大きい。それゆえに，教員や学校の個の頑張りに任せるだけではない，行政の支援やシステム作りが今以上に必要である。

文献

中央教育審議会（2015）『チームとしての学校の在り方と今後の改善方策について（答申）』。

（飯塚文子）

第4章　つながり・支える「外国にルーツをもつ子ども」の学びと暮らし

第1節　グローバル化する公教育の現場の今

　本章では，小学校教諭である筆者の経験から得た知見を元に，多文化共生社会実現に向けた公教育の役割について明らかにしたい。その際，次の二点について主に述べる。第一に，外国にルーツをもつ子どもの問題状況や行政の支援の実態についてである。第二に，筆者が2018年度から行っている，外国にルーツをもつ子どもを支援するための各学校園への情報提供活動，および，教育活動を中心とした子どもへの直接的支援と保護者の困り感を少なくする間接的支援についてである。

　近年，日本では，観光客だけではなく生活者としての外国人が急増している。グローバル化の波は，日常生活に確実に押し寄せている。数値で表すと，2018（平成30）年の訪日外国人数は3119万1856人となり，最高記録を更新した。2020年の東京オリンピック・パラリンピック，2025年に大阪で開催される日本国際博覧会に向けて，ますます増加することが予想される。観光客だけでなく，日本の労働力不足を補うため，就労を目的として渡日する外国人も増加している。2018年の在留外国人数は273万1093人，外国人労働者数は146万463人と，共に過去最高を更新した[1]。この潮流は，筆者の勤務する大阪市でも見てとれる。平成31年3月末時点で，138の国や地域を出身とする過去最高の13万8016人の外国人が住んでおり，その中には44か国，3063名の外国籍の小中学生も含まれる[2]。

　このようなグローバル化に伴い，公教育の現場においても多様なルーツをもつ児童生徒が急増している。日本の学校に在籍する外国人児童生徒数は9万3133人（2018年），日本語指導が必要な外国籍の児童生徒は4万485人で，過去最多となった[3]。大阪市でも，日本語指導が必要な児童生徒は増えている。2018年は764人となり，2007年の3倍以上となった。この764人を国籍で見ると，外国籍が525名，日本国籍が239名となっている。中国語やフィリピノ語を母語と

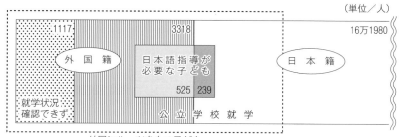

図4-1　大阪市における外国にルーツをもつ子ども

出典：日本語指導が必要な子どもの数は平成30年度「日本語指導が必要な児童生徒の受け入れ状況等
　　　に関する調査」，公立学校に就学している児童生徒数は平成30年度大阪市「学校基本調査結果の
　　　概要」，就学状況確認できずの子どもの数は「外国人の子供の就学状況等調査結果（速報）令和
　　　元年9月27日」より，大阪市の数値を引用算出し筆者作成

する児童生徒が全体の8割近くを占めるが，少数言語を母語とする児童生徒も
在籍している。[4]　公教育の現場においてもグローバル化が進み，多様な文化的背
景や生活背景をもつクラスメイトが共に学ぶ風景は珍しくなくなってきている。
　ただし，これらの数字が日本語指導の必要な子どもをすべて捉えているとは
言いがたい。国や大阪市の調査において，日本語指導の必要性に関する明確な
判断基準がなく，回答者の主観に任されている感が否めないからである。既に
帰国・来日して数年経っていたり，就学前教育で日本語に触れていたりして，
日本語によるコミュニケーションに課題が見られないと判断された子どもは含
まれないことが多い。ところが，そうした子どもの中には，学習言語に課題を
抱え，授業を理解できずに困難を抱える子どもがいる。つまり，日本語による
意思疎通が図れる子どもたちは支援の対象となりにくく，その実態は数字とし
て表れないのである。
　また，支援の対象は日本語指導が必要な子どもだけではなく，もっと広く捉
えるべきであると考えている。日本籍であるが海外生まれ海外育ちで日本の生
活に馴染めない子どもがいる。加えて，外国籍の不就学児童生徒の存在も忘れ
てはいけない。
　これらを踏まえ，本章では，図4-1にあるように外国に何らかのつながり
をもつ子どもを「外国にルーツをもつ子ども」と称し，公教育における支援の
対象と捉えて論を進める。ただし，法令や調査等で使用されている呼称につい
ては，そのまま使用する。

第2節　外国にルーツをもつ子どもを取り巻く状況

1　アリーシャちゃんとの出会い

　筆者が外国にルーツをもつ子どもと関わるようになった一因に，アリーシャちゃんとの出会いが挙げられる。外国にルーツをもつ子どもたちの抱える背景は一人ひとり異なり，国籍や海外生活経験の有無，帰国・渡日の時期や日本語指導の要不要等によって，直面する課題は多種多様である。その一例として，アリーシャちゃんと彼女が置かれた状況について見ていきたい。

　筆者が職員室で仕事をしているとき，急に管理職から声をかけられた。その日は，海外から編入学するアリーシャちゃんと保護者のマリさんが初めて来校し，「初期対応」を行う日であった。「初期対応」とは，編転入学者と保護者に対して，これまでの生育歴や学習歴等について話を聞き，同時に，学校生活の説明を行うものである。大阪市では，日本語指導が必要な子どもの海外からの編転入の場合，教育委員会の指導主事が「初期対応」に同席し，事情を聞き取ることになっている。また，保護者が日本語での意思疎通に困難を抱える場合は通訳も同席する。通常，初期対応は子ども，保護者，管理職，担任，教育委員会の指導主事，通訳が一堂に会して行われる。しかし，アリーシャちゃんのケースは通常の体制ではなく，アリーシャちゃん，マリさん，マリさんの友人，教頭，教育委員会の指導主事の五人で初期対応が始められていた。

　筆者が初期対応に途中から同席すると，マリさんと彼女の友人は，こちらの説明を何とか理解しようと努めていた。しかし，日本語によるコミュニケーションは難しく，そのためマリさんの母語が話せる筆者にサポートの要請があったというわけだ。

　マリさんの話からは，マリさん親子がここにたどり着くまでに大変な思いをしていたことがわかった。マリさんは，本国で生活基盤を失い，生命の危険を感じるような重大な問題を抱えていた。そして，渡航を斡旋するブローカーの日本で働けるという言葉を信じ，マリさんは高額な費用を支払い，日本にやってきた。しかし，マリさんを待ち受けていたのは違法就労であった。違法就労で困ることは，アリーシャちゃんを通学させられないことである。日本に来てからこのことを知ったマリさんは難民申請を行い，日本に滞在するために必要な在留カードを手に入れた。そして，人づてに何とか住むところを得たことで

住民票が作成され，アリーシャちゃんが編入学できたのであった。

　学校に編入できても，学習を始めるためには，さまざまな準備が必要となる。しかし，マリさんはそれらを揃える余裕はなかった。というのも，親戚や知り合いから渡航のためにお金を借り，働いて返済するつもりで日本にやってきたので，手持ちのお金が少なかったからである。そのため，学校は貸し出し用の標準服や学用品等を，地域団体はランドセル等を用意し，アリーシャちゃんが学習活動に支障なく取り組めるようにした。そうした支援のおかげで，アリーシャちゃんは，日本での学校生活を始められた。

　ところが，しばらくするとアリーシャちゃんとマリさんは，住居を含めた生活の基盤すべてを失うことになった。身を寄せていた知り合いが帰国することになったためである。仕事を探そうにも，マリさんの在留カードには『就労不可』の文字が印字されており就労することができない。たちどころに二人の生活は立ちゆかなくなった。

　二人がこのまま日本での生活を続けるためには，生活基盤を支える地域や外国人支援の団体が必要だった。そのため，筆者は，外国にルーツをもつ子どもの問題解決に関わってきた知り合いに手当たり次第に電話をかけ，支援情報や支援団体を紹介してもらった。マリさんと一緒に役所へ行き，受けられる支援を求めて聞いてまわったりもした。ところが，紹介を受けた団体とマリさんをつないで，生活資金の提供を受けられるよう手はずを整えても，支援になかなかつながらなかった。なぜなら，マリさんはさまざまな理由で支援を受ける機会を棒に振ることがあったからである。また，せっかく得た生活資金の使い方がわからないこともあった。しかし，地域団体とともに粘り強く支援を行った。

　その結果，さまざまな団体の力で母子の生活を支えることができるようになった。住居の提供，生活の見守りなど地域の団体が手厚く支援をしてくれた。フードバンクから定期的に食料品の提供を受けられるようになった。社会福祉協議会の相談員も親身になって相談に乗ってくれ，自分の家からマリさんのための衣服を持ってきてくれたりした。

　こうした包括的な支援のおかげで，アリーシャちゃんは毎日学校へ登校できた。そして，学校での指導もあって，少しずつ友だちとコミュニケーションがとれるようになっていった。給食に出される苦手な野菜も食べられるようになった。いろいろな困難を抱えながらも，支援を受けて，アリーシャちゃん親子は日本での生活を楽しめるようになりつつあったと思う。

しかし、その楽しい日々も長くは続かなかった。アリーシャちゃんと母親は帰国を余儀なくされた。難民申請が却下され、在留資格を失ったからである。結局、支援団体が費用を工面して帰国するための航空券を購入し、居場所も生活基盤もない本国へ二人そろって戻っていった。

2 アリーシャちゃんとの出会いから考える課題

アリーシャちゃんが日本での学校生活を送ることができたのは、いろいろな偶然が重なったからだ。その偶然は、主に三つあると考えられる。① アリーシャちゃんの母語を筆者が話せたので母親や子どもとのコミュニケーションがとりやすく困りごとを聞き出しやすかったこと、② 標準服や学用品等、初期の学習に必要な準備物を支援できる学校の体制が整っていたこと、③ 校区内に包括的な生活支援を行う団体が存在していたことである。これらの偶然が重なり、学校と地域団体がつながって、子どもの学習面だけでなく母親を含めた生活すべてを支えるネットワークを構築することが可能となった。

これらの条件が揃わなければ、アリーシャちゃんが学校生活に多くの困難を抱え、学習に参加できなかったことは容易に想像しうる。このアリーシャちゃんのケースから、外国から学校に編転入する子ども受入れにあたって、必要な仕組みが三点見えてきた。

一つ目は、母語によるニーズ把握を含めた情報収集の仕組みである。保護者とのコミュニケーションを通して、保護者の思いや考え、子どもの生育歴や学習歴等を正確に把握しなければ、その後の支援につなげにくい。日本での子どもの学びを保障するためにも、背景を正確に知ることは必要不可欠である。やり取りをスムーズに行う通訳も適宜必要となる。

二つ目は、急な編転入に対応できる学校の受入体制の構築である。貸し出し用の標準服や学用品が常備されていれば、保護者が購入費用を工面できなくても、学校での子どもの学びに支障はない。編入学後も、子どもや保護者を支える校内の組織も必要となる。

三つ目は、学校・支援団体・行政等による包括的支援ネットワークの形成である。外国にルーツをもつ親子の衣食住を支えるためには、地域にある子ども支援・生活支援の団体、広域で活動する外国人の暮らしを支える団体等、支援団体の存在が必要であった。しかし、それらの情報が集約されておらず、学校が容易にアクセスできなかった。学校がプラットフォームとなって教職員が子

どもの実態から問題を見つけ，具体的支援につなげるためには，そうした情報を把握しておく必要がある。また，入管法や海外から編転入する子どもの状況等に関する知識に詳しくない教員が，必要に応じて的確な情報を得られる仕組みが必要である。

　上記の仕組みを整えられれば，学校の教職員は動きやすくなる。そうでなければ，学校がどこまで支援を行うかについての見解が異なる中で，うまくケアをすることができなくなる場合がある。たとえば，アリーシャちゃんのケースに関わる上記支援についても，目の前にいる困難を抱えた子どもの現状を放っておけないという問題意識から，継続して支援に関わった結果そうなっただけである。それに対して学校の役割の範疇を超えているという声もあった。つまり，子どもの学習権を保障するために，どこまで保護者やその問題に関わっていくのか，学校の役割に明確な線引きがない中で，上記の仕組みがなければ，負担の問題等を含めて，教職員間の葛藤が引き起こされてしまうのである。

　アリーシャちゃんのような子どもを支援するためには，こうした問題を克服する必要がある。そのための取り組みが必要ではないかとの思いが，多文化共生に関する学校での支援や取り組みに筆者を駆り立てるきっかけとなった。

第3節　外国にルーツをもつ子どもが直面するさまざまな問題

　前節のアリーシャちゃんの例は，学習の基盤となる生活環境の問題について述べたものである。これ以外にも学校では，外国にルーツをもつ子どもたちに多様な問題が現れる。ここでは，それらを志水・清水（2001）の先行研究にある「言語の問題」「適応の問題」「学力の問題」「アイデンティティの問題」という四観点に，前節で述べたような「生活環境の問題」を加え，五つの観点から論じる。その際，現場での実践や自治体・NPO などフィールドワークで得られた情報をもとに述べる。なお，それぞれの問題は相互に関連し合っており，明確な線引きができないことを最初に断っておく。

1　言語の問題と学力の問題

　外国にルーツをもつ子どもたちの多くが直面する問題は日本語の習得である。日本語で意思疎通を図ることが困難な状態で編入学してくる子どもたちは，学習内容を理解できない上，友だちとのコミュニケーションがとれない。そのた

め学習意欲を失ったり，友だちとの関係性の構築につまずいたりして，学校へ登校すること自体をしぶるケースがある。言語の問題は，子どもの人間関係の形成に大きな影響を及ぼすものである。

　また，言語の問題は，学力の問題にも直結する。カミンズら（Cummins & Swain 1986）は言語能力を，日常生活場面で必要とされる生活言語能力とコンテクストの支えがない場面で使用される学習言語能力の二つの概念に分け，学習言語能力の習得には，より時間がかかるとする考えを提示した。これにより，特に見過ごされてきた，日本生まれであったり，日本で長く暮らしていたりして，先生や友人とのコミュニケーションに支障がないように見える子どもの学力の問題を説明できる。日本語の生活言語は習得できているが，母語（継承語）も日本語も第1言語（強い言語）として確立できない場合，思考に必要な抽象的な語彙や学習言語の習得が思うように進まず，低学力に悩まされることがある。しかし，日本語指導の対象に含まれず，言語によるつまずきが学力に影響を及ぼしていると指導者に認識されにくい場合が多い。そして，言語の問題に起因する学力の伸び悩みが個人の努力不足として処理されると，子どもは学習意欲の低下や学力不振，不登校などに陥ったりする。また，日本語も母語も第1言語（強い言語）として確立できない場合，ダブルリミテッドの状態になることもある。母語の喪失により親との意思疎通を図れなくなれば，親子関係にも支障が出てくる。

　来日して一定の年数が経てば，学習言語を習得できる（Cummins & Swain 1986）というのは，第1言語（強い言語）を習得した上で，子どもの状況に応じた適切な支援があって初めて可能となるように思える。日本の学校生活や社会生活の中で自然に身につくものではないため，学習言語の習得に向けた適切な支援が求められる。

2　適応の問題

　適応の問題は，文化的差異に起因したもので，問題として認識されにくいが，子どもが困難を抱える主要な要因であると言える。その内容は以下の四つの次元に分けられる。

　第一に学校システムに関する次元である。たとえば，日本では4月に始まり3月に終わる3学期制が標準とされているが，国によってその仕組みは大きく異なり，長期休業が学年の変わり目となるところもある。そして，長期休業中

に宿題はなく，家族との時間を大切にする国もある。土曜授業や日曜参観のような，休業日や休日に設定されている登校日の存在も，プライベートの時間を重んじる文化を有する家族にとって理解しがたいように見える。そのため，たとえば学習発表会や林間学習などの本番当日に欠席することがある。また，保護者の病気や用事を優先するため，欠席する子どももいる。その他，宿題といった家庭教育への介入を疑問視する保護者がいたり，日時が設定されている懇談会等に，急な変更やキャンセルを伝えてきたりする場合がある。子どもの出欠には，保護者の身に付けてきた価値観や，学校教育の捉え方が影響しており，場合によっては，子ども自身の成長や友だちとの関係性構築の機会を奪うことになる。

　第二に，学校生活に関するルールや習慣に関する次元である。アクセサリーやピアスの禁止，持参できる飲料はお茶や水に限られていることなど，日本の学校には数多くの制約がある。それらは明文化されているものとそうでないものがある。明文化されている代表的なものが校則である。そこでは，靴下の色や長さ，髪型，髪の毛をくくるゴムの色，冬期の防寒対策の種類など，些細な事柄が指定されている。しかし，その理由が示されていないものが多く，校則に納得できず，型にはめる日本の教育に馴染めない子どもがいる。

　ただし，明文化されているルールについては，まだ理解しやすい。子どもたちが混乱するのは，明文化されておらず，暗黙の了解となっている事柄によってである。たとえば，一度，学校に登校したらその後下校まで学校の外に出てはいけない，おやつの持参やお弁当のおかずとしてのポテトチップス・チョコレートは認められない，授業中は水分補給が許されない，などである。母国で当たり前にしていたこうした行動が日本の学校では逸脱した行為と見なされ，指導の対象となることもある。その場合，子どもは自信をなくしたり，母文化に対する誇りを失ったりする。

　第三に，学習活動に関する次元がある。諸外国と日本とでは，当然のことながら，学習内容や方法が異なっている。たとえば，体育や音楽を母国で経験したことのない子どもがいる。算数の筆算の方法も国によって異なる。運動会や学習発表会など学校行事は，その練習や準備も含めて，何のために実施しているのか，意義を感じられない子どもがいる。また，子ども自身が給食の配膳をしたり，掃除をしたりする活動も同様である。

　加えて，書道道具，裁縫道具，絵の具セットなど道具の購入に関してもちが

いが大きい。体操服や水着などは，子どもや保護者から「何のために必要なのか？」「必ず指定業者で購入しなくてはいけないのか？」と尋ねられることも少なくない。そもそも「水着」の概念がなく，普段着でプールや海に入る国もある。日本の学校では家庭が準備する教材や道具が多く，費用の負担が大きいことも理解を得にくい一因となっている。

　学校に持参する筆記用具についても認識が異なる。日本の小学校では鉛筆や消しゴムを使用することが多いが，筆箱を持たず，ボールペンを1本持参する国もある。下敷きを敷いてノートを書く日本の習慣も世界標準から見れば独特なものである。保護者には日本の学校における学習活動とそれに必要な学用品について丁寧に説明した上で，用意してもらう必要がある。

　その他，「冷たいモノは飲んではいけない」と教えられてきたのに，給食で冷たい牛乳がでる，正解だと思った先生のチェックの印（レ）が実は日本では不正解を表すものだったなど，外国にルーツをもつ子どもたちが学校での活動で遭遇する異文化には枚挙にいとまがない。

　第四に，子ども同士の関わりに関する次元がある。生活全般における価値観や行動様式の相違は，他者との関わり方に現れ，学校生活に困難をもたらすことがある。たとえば，友だちの持ち物を借りる場合，日本では断りを入れてから初めてそれを手にする。しかし，何も言わずに自分の所有物であるかのように使う文化もある。そうした文化を有する子どもが，友だちゆえに友人の鉛筆を何も言わずに使用すると，異なる文化をもつ友人は不快に感じてもめごとが発生する。

　また，上に述べた文化的差異による摩擦だけでなく，日本で学んでいる子どもの偏見や無知による行動から起こる衝突もある。文化的なものや宗教上のきまりに基づく行動を「ずるい」と批判したり，肌の色や見た目によるちがいから「からかい」が始まったりして，対立からいじめに発展していくケースがある。未知の事柄に対する日本で学ぶ子どもの不寛容と恐怖心が外国にルーツをもつ子どもの排除を生み，更なる適応を妨げる要因となっている。

　こうした適応の問題の背景に，外国にルーツをもつ保護者と子どもに対して，日本の学校文化を一つひとつ丁寧に説明する支援者がいないことがあげられる。保護者と子どもの文化の相違による不適応は，いつなんどき発生しているかわからないため，日常的なかかわりのできる支援者が必要となる。しかし，現場には子どもの母語が話せる母語支援者も含めて丁寧に対応できる人的時間的余

裕のないことが多い。そのため，保護者も子ども自身も，見よう見まねで慣れていかざるを得ず，学校での子どもの学習や生活に支障をきたすような齟齬が生じていると思われる。

　加えて日本で学んでいる子どもの偏見や無知を解消する取り組みの遅れが挙げられる。詳細については後述するが，子どもは休み時間や放課後の友だち同士の関わりだけで異文化を正しく理解することは難しい。子どもが共に育つ中で自然に共生する力を獲得できるかのように思われているところが，適応の問題をより複雑にしている。

3　アイデンティティの問題

　アイデンティティの問題は，外国にルーツをもつ子どもたちが自身のルーツを否定しかねない問題である。言語の問題や適応の問題とも大きく関連するが，子どもの日本での生活が長くなると，日本文化や社会に必要以上に適応しようとする傾向が見られる。その中で，子どもが保護者以上に日本語力を身につけると，日本語を流暢に話せない保護者を恥ずかしく感じたり，保護者を誇りに思う気持ちが育ちにくくなったりする。保護者の文化や保護者そのものの否定は，子どものアイデンティティの確立にも影響を与える。そして，ルーツをもつ国と日本との狭間で揺れ動き，複数のルーツをもつことをプラスに捉えられない場合は，自己肯定感を得られない問題が生じる。

4　生活環境の問題

　外国にルーツをもつ子どもの中には，日本の教育を受けるにあたっての情報不足，経済的不安定さ，保護者の日本語力や価値観などによって，安定した生活環境を得られず，困難を抱える子どもがいる。以下，保護者の都合や判断により，不安定な環境の中で生活せざるを得ず，子どもが不利益を被るケースを二つ紹介したい。

　一つ目は，来日と同時に久しぶりに実母と暮らし始めた子どものケースである。生まれてすぐに両親と離れ，母国で祖父母に育てられ，手のかからなくなった小学校入学前後の時期に，日本で働いている保護者に呼び寄せられる子どもがいる。親と祖父母の価値観が異なり，親子であっても信頼関係がまだ確立されていない中で，学校生活が始まる。子どもはすべてが今までと異なる環境において，文化のちがいだけでなく，一緒に生活する大人とその家庭内の価

値観のちがいにも慣れる必要がある。幼い場合は愛着不足で，心理的に不安定になる傾向があるように思われる。

二つ目は，言語獲得のために本国に戻されるケースである。保護者とともに日本で生活し，日本の生活に馴染んでいるにもかかわらず，母語（継承語）を話せなくなると，本国の祖父母宅に戻され，現地の学校に通いながら母語の獲得をめざす子どもがいる。日本語が第1言語（強い言語）となっている子どもが言語獲得のためだけに保護者や兄弟姉妹と離れて母国に戻され，言葉の通じない環境で生活することとなる。そして，ようやく母語で生活できるようになるとまた日本にやってくる。しかし，そうした子どもの中には学習言語や受験学力を身につけておらず，高校受験に間に合わない子がいる。

上記五つの観点で外国にルーツをもつ子どもの問題を見てきた。このような問題を抱える子どもたちは，勉強しても思うように成績は上がらず，授業内容を理解できないため，学習に対する意欲をもてなくなってしまう場合が多い。自分は勉強ができないと諦め，学校に通うこと自体に意味を見出せなくなることもある。その上，二国間を行き来している場合は，第1言語（強い言語）の習得がままならず，教育システムのちがいにより未習内容も増える。そうした子どもは，どちらの国で将来生きていくにしても必要な言語力や学力を十分に身につけられない状況に陥る。その結果として，自分に自信がもてず，自分の将来像も描きにくくなり，日本で生きる目標をもてなくなることもある。

第4節　外国にルーツをもつ子ども支援の施策と課題

外国にルーツをもつ子どもに対しては，第3節で述べた子どもの問題を踏まえた支援が望まれる。それは，第2節で見たような保護者の抱える個別的問題と，日本の文化や社会構造の問題の両面を踏まえた支援である必要がある。そうした包括的な支援体制が十分構築されているとは言えないからこそ，子どもの問題が山積しているとも言える。そこで本節では，外国にルーツをもつ子どもへの現行の施策等を分析し，その課題を明確にしたい。

1　国の支援施策
まず，国内における外国にルーツをもつ子どもへの施策を見ていきたい。日

本では，外国人がその保護する子を公立の義務教育諸学校に就学させることを希望する場合には無償で受け入れており，教科書の無償給与や就学援助を含め，日本人と同一の教育を受ける機会を保障している⁵⁾。これを受けて，外国人児童生徒の公教育への位置づけを明確にするさまざまな改革が行われた。

　まず，2014（平成26）年に文部科学省の出した，「特別の教育課程」の編成・実施を可能とする省令がその一つである。これは，児童生徒が日本語で学校生活を営み，学習に取り組めるようにするため，原則，児童生徒の在籍する学校における「取り出し」による日本語指導を行えるようにしたものである。小・中学校段階に在籍する日本語指導が必要な児童生徒を対象に，日本語指導担当教員（教員免許を有する教員）及び指導補助者を活用して，年間10単位時間から280単位時間の実施を可能とした。

　次に，文部科学省は，子どもたちの言語能力を把握し学習支援に活かすアセスメントツールである DLA（Dialogic Language Assessment For Japanese as a Second Language）を作成した。また，外国につながりのある児童・生徒の学習を支援するサイト「かすたねっと」（http://www.casta-net.jp/）により，誰もが情報を検索できるようにした。このウェブサイトでは，上記の DLA を含め，さまざまな自治体で作成された学校文書等の情報がダウンロードでき，各校の実態に応じて活用できるよう整備されている。

　これら以外にも，受け入れに関する理解を深め，教職員の負担を軽減する『外国人児童生徒受入れの手引（改訂版）』，『外国人児童生徒教育研修マニュアル』，改訂版『就学ガイドブック』が作成され，文部科学省のホームページからアクセスできるようになっている。また，2019（平成31）年3月には，都道府県・指定都市教育委員会宛てに，「外国人児童生徒の就学の促進及び就学状況の把握等について（通知）」が周知された。これは，日本に居住する外国人の子どもに対する就学案内の徹底と就学状況の把握だけでなく，学校への円滑な受け入れを求めるものである。

　教員養成や教員採用においても変化が見られる。2017（平成29）年に出された「教育課程コアカリキュラム」は，その「特別の支援を必要とする幼児，児童及び生徒に対する理解」（p. 15）の（3）において，障害はないが特別の教育的ニーズとして「母国語や貧困の問題等」を挙げ，教員養成課程における必修事項として，外国にルーツをもつ子どもの課題が取り上げられることになった。また，2017（平成29）年「教員採用等の改善に係る取組について（通知）」

が出され，専門性の項目に「外国人児童生徒等に対する教育支援」が明示された。少しずつではあるが，外国にルーツをもつ子どもに対する支援や教育のあり方の重要性が認識され始めていると言える。

2　国の施策の現状から見える支援課題

　外国人材の受入れに伴う総合的な対応策の一環として「外国人児童生徒の教育等の充実」が挙げられ，2019年度の「共生社会の実現に向けた帰国・外国人児童生徒等教育の推進支援」に対する予算額は5億400万円と前年度の2倍以上となった。国が本腰を入れて，これらの問題に取り組もうとしていることが数字からも読みとれる。しかし，前項に挙げた国の施策は，第2節，第3節で見てきた外国にルーツをもつ子どもが抱える問題すべてを対象としていないことがわかる。日本語指導，適応支援の体制整備，学校環境整備，進路支援，就学支援の五つに関する支援が行われているものの，外国にルーツをもつすべての子どもに対する学力の問題，アイデンティティの問題，個別の背景から生み出される生活環境の問題への積極的な対策が遅れていると言える。

　その上，実施されている国や文部科学省の施策は，さまざまな補助金を拠出し，事業運営の後押しはしているが，国の方向性や指針を示すにとどまっている。日本語指導に関してだけでも，日本語指導における到達目標を明記した学習指導要領，日本語指導が必要な子どもかどうかの判断基準，その判断に必要なアセスメントツール，日本語指導教科書の開発とその無料配布など，現場のニーズに沿った具体的支援に活用できるものが未対策である。つまり，ナショナル・スタンダードとなる支援体制の構築にはほど遠い現状と言える。

　これらは，居住する自治体によって受けられる日本語支援，適応支援，就学・進学支援等に差異を生じさせている。都道府県や市区町村の中には，条例等を制定し，独自に支援を行っているところもある。一方で，自治体の税収状況や方針によっては，外国にルーツをもつ子どもへの支援が十分でないという格差を生んでいる。

　また，適応支援の方向性にも課題がある。それは，外国にルーツをもつ子どもが日本の生活に慣れることを主眼としていて，日本に暮らす子どもや学校自体に積極的に変容を求めていない点である。視点を変えれば，学校教育において，クラスメイトとして共に学ぶことになる日本人や日本で生まれ育ち日本文化に馴染んでいる子どもに対して，グローバル化に対応できる資質・能力を育

む教育カリキュラムが必要であると言える。現状では，語学力と愛国心に重点を置いた日本独自の「グローバル人材」像に沿った取り組みが実施され，文化のちがいによる誤解や偏見を乗り越え，共に学ぶ仲間として協働する力を育むものにはなっていない（山田 2019）。その実施は，現場に立つ教員の課題意識に任されている。つまり，教科学習のように，学習指導要領に位置づいた，多文化共生社会を生きる資質・能力を育む系統的な教育カリキュラムが求められる。

　アリーシャちゃんのケースのように，日本語指導や適応指導だけでは，子どもの学習権を保障できない実態がある。長く日本に暮らしていて，日本語によるコミュニケーションに課題を抱えているように見えない子どもも，学力やアイデンティティの問題で悩んでいる。包括的な支援実施につながる，子どもの学習と生活を保障する抜本的な改革が求められる。

3　大阪市の日本語指導が必要な子どもに対する手立て・支援

　上記の国家施策における支援課題を克服するための大阪市における支援施策について整理する。大阪市は1960年代の同和教育を皮切りに，在日外国人教育や特別支援教育など人権を大切にした教育を実践している。外国にルーツをもつ子どもに対する教育も例外ではない。

　1984（昭和59）年に，海外からの帰国児童生徒の増加に対応するための「帰国した子どもの教育センター校」を開設し，1986（昭和61）年には「帰国した子どもの教育を進めるための手引き」の策定等，具体的な指導方針を示した。現在は，最新版である「帰国・来日の子どもの教育を進めるために（再改訂版）」に沿って教育実践が行われている。その長年の実践により，財産とも言うべき多くの教材や資料が作成され，現在の体制が形作られた。ここでは，日本語指導が必要な子どもに対する大阪市の支援の現状をまとめる。

　まず，一つ目は，「日本語指導の必要な子どもの教育センター校」の設置である。日本語の習得が不十分であったり，学校生活に適応しにくかったりする場合は，最寄りにあるセンター校へ通級し，指導を受けられる。通級指導の対象は，小学校4年生から中学校3年生までの児童生徒で，週1〜2回，1回あたり90分から120分程度の日本語指導や適応指導を受ける。通級期間は，日本語の習熟にもよるが概ね1年間である。現在，小学校5校，中学校5校の計10校内において開設され，他の学校からの教育相談にも応じている。

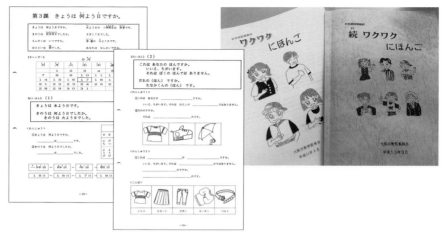

写真 4 - 1　　大阪市教育委員会作成の日本語指導教材

出典：大阪市教育委員会

　二つ目は、「日本語指導協力者派遣」である。日本語指導が必要な小学校1年生から3年生までの子どもに対しては、その子どもが在籍する学校に、日本語指導に関して専門的な知識・経験をもつ協力者を派遣している。日本語指導協力者は、在籍校の教員である担当者とともに抽出授業で日本語指導を行ったり、教職員への助言・支援にもあたったりする。派遣は週2回、1回1単位時間（45分）の全25回であり、派遣のない期間には、子どもは校内で担当者や担任と復習を行う。ただし、単年度に一校一人25回のみの派遣であり、年度当初に派遣を受けた後に、海外からの編転入があっても、その児童への日本語指導は学校の責任で行わなければならない。2019（令和元）年度は20名の日本語指導協力者が活動している。

　三つ目は、「加配校の設置」である。日本語指導が必要な子どもたちが多く在籍している学校については、自校で日本語の指導を行うことができるように教員加配を行っている。この加配校の児童生徒は、上記の「日本語指導の必要な子どもの教育センター校」や「日本語指導協力者の派遣」での学習は行わない。

　四つ目は、「日本語指導教材の開発」である（**写真4-1**）。大阪市教育委員会は、オリジナル日本語指導教材「ワクワク日本語」とその対訳教材8言語を作成し、各学校に配布している。また、小学校1年生から3年生までの子どもを

対象とした「りょうこさんのにほんご」や指導法の書かれた「低学年児童のための日本語指導マニュアル」も作成している。子どもの在籍校での学習言語習得までの指導方針を打ち出し，使用する教材や指導計画のモデルなどを作成することで，子どもの受ける教育の内容に一定の基準を設けている。

　五つ目は，「通訳者派遣事業」である。日本語力が十分でない保護者や子どもと意思疎通を図ることを目的とし，初期対応や懇談会，家庭訪問等，学校が必要に応じて教育委員会に依頼を出し，教育委員会から通訳者を派遣する。ただし，子どもの学習支援や日常の学校生活支援などには使用できない。平成31年度は86名の通訳者が登録していて，18言語に対応している。

　六つ目は，「母語保持の取り組み」である。母語の保持・伸長は，アイデンティティ発達の過程で，自らのルーツを肯定的に捉える助けとなり，日本語での学習理解を深めるものである。具体的には，大阪市内5か所の「日本語指導が必要な子どものための教育センター校」を中心に「母語教室」が設置されている。母語で話し，勉強する機会は，子どもにとって，ありのままの自分を認めてもらえる居場所になり，自分のエスニシティを確かめる場となる。学校の枠や世代を超えた交流により，仲間や先輩とも出会え，情報を共有するだけでなく，自分の未来像を描きやすくなる。

　他にも，外国にルーツをもつすべての子どものエスニシティに配慮した取り組みとして，中国語弁論大会，ワールドトーク（多文化スピーチ大会）などが行われている。多様な背景をもつ子どもたちのアイデンティティ確立に寄与する活動は，日本語指導を担当する教員や教育委員会が中心となって企画・運営・実施されている。

　七つ目は，就学支援・進路保障に関するものである。小学校入学前には，各家庭に対して就学案内書が送付されている。保護者の意思表示として，就学の申請書を提出することで就学が認められるようになっている。また，編転入する子どもについては，区役所の住民基本台帳に登録された時点で，区役所から学校に電話連絡があり，未就学状態が続かない仕組みができている。

　高校への進路保障に関しては，大阪府として，「日本語指導が必要な帰国生徒・外国人生徒入学者選抜」を実施している。帰国・渡日した時期によって受けられるものは異なるが，辞書の持ち込みや問題のルビうち，試験時間の延長，自己申告書の代筆可など，高校入試に際してさまざまな配慮がなされている。また，進路決定に必要な情報を多言語で伝える「多言語高校進学進路ガイダン

ス」が大阪府教育委員会主催で開催され，大阪市内では大阪市教育委員会も関わって年2回の多言語進路ガイダンスを実施している。

4　大阪市の施策の現状から見える支援課題

　以上見てきたように，大阪市では，支援のナショナル・スタンダートがない中，教育行政が中心となって，主に言語や学力，アイデンティティの問題を解決する取り組みを実施している。日本語指導の指針・手引き作成，教材作成，日本語指導の実施を可能にする人的配置や仕組みづくりだけにとどまらず，母語支援の取り組みも始まっている。このように先駆的な取り組みが多く行われているが，これらの施策にも課題が残されている。

　一つ目は，日本語指導の到達目標に沿った指導を可能にする体制づくりである。現状では，小学校1年生から3年生までは，到達度でなく回数で日本語指導が修了する。どのような力をつけたいのか到達基準を明確にし，実施できるだけのヒト・モノ・カネ・場所・時間など資源を確保する必要がある。

　二つ目は，母語による支援のあり方である。生活適応や授業理解において母語による支援は欠かせない上，母語話者との交流は母語・母文化の保持・伸長の観点からも子どもにとって有益である。また，保護者との意思疎通にも母語による通訳は必要である。財源や人数が限られ，十分にニーズに応じて配置できない現状がある。

　三つ目は，教員の資質・能力向上を図る研修の充実が挙げられる。日本語指導担当者が未経験者の場合，より充実した指導のために専門性を高める研修が必要である。また，抽出による個別・少人数の日本語指導だけでなく，担任や教科担当による学級での一斉授業においても，日本語指導と教科指導を統合したJSLカリキュラムを取り入れ，学習に参加するための学ぶ力を育成するべきである。さらに，受け入れる学校の教職員全員を対象にした，「隠れたカリキュラム」を意識した言動等，多文化共生の視点を含んだ研修も求められる。

　四つ目は，子どもの学習の土台となる生活環境の問題に焦点をあてた施策の充実である。これまでのところ，生活環境の問題に踏み込んだ施策はなく，学校の自助努力に任せたままになっていると言える。

第5節 連携・協働しながら進める支援の実際

本節では，上記の2～4節の課題に対して，現行の施策や体制を活かしながら，学校，行政，地域が連携・協働して取り組み，結果として重層的かつ包括的に子どもの生活と学びを支えつつある活動について紹介する。

1 一般行政を中心とした支援ネットワークと情報収集体制の構築

（1）「ケア会議」と子どもサポートネット

大阪市には，子どもの暮らしの包括的支援に積極的に取り組んでいる地域がある。その地域で実施されている「ケア会議」は，中学校区単位で行われ，各学校園教職員，地域住民，行政職員，医療機関従事者等総勢70名という多くの関係者が関わっているところに他地域とのちがいがある。加えて，支援の具体的な内容と実際の動きを検討し，実践に移すことを求めるところに特徴がある。この「ケア会議」は，外国にルーツをもつ子どもだけを対象にしているわけではないが，地域のネットワークを活用して，見守り支えることを可能とさせるものである。

「ケア会議」は，月に1回開催されている。学校に在籍する困難を抱える子どもについての報告がなされると，まずは1か月間の支援の方向性が決められる。次の会議では，その1か月間における情報や変化を関連機関が報告し，多様な側面から包括的に子どもの状況を共有する。そして，各団体の次の1か月の動きや連携した見守りなどの方針がその場で決定され，地域で「しんどい」家庭の子どもを包括的に支えていく道筋を探る。また，情報を共有するだけでなく，役割を分担し実行するにあたっての初動体制の確認も行う。「ケア会議」は，子どもの生活を支えるセーフティネット的な役割を果たしていると言える。

この会議の出席者によると，参加することで関連機関とのつながりができ，話をしやすくなるという。そして，顔の見える関係性が構築でき，日々の細かな情報共有や業務依頼等が可能となり，円滑な支援の実施につながっているそうである。

同様に，2018年度から実施されている「大阪市こどもサポートネット」も外国にルーツをもつ子どもだけを対象にしているわけではないが，子どもの困難に気づき，関連機関と共有できるという点で有効である。

　それは，学校における子どもへの気づきをスクールソーシャルワーカー等が
チーム学校の一員として実際の支援の主体となる行政や地域につなぎ，社会全
体で子どもを支える仕組みである。具体的には，困難を抱える子どもを各学級
で見出すために「スクリーニングシート」を活用している。関わる教員の主観
ではなく，客観的指標で抽出基準を明らかにし，多面的に状況を把握するもの
となっている。

　「スクリーニングシート」の調査項目は学校間で大きく違わない傾向にある
が，個別の項目を学校で設定することも可能である。そのため，貧困や虐待だ
けでなく外国にルーツをもつ子どもの抱える困難さも支援の対象として認識さ
れるように働きかける必要がある。例えば，外国にルーツをもつ子どもの抱え
るさまざまな困難を把握できるシートにするために，どのような項目を入れれ
ばよいかを有識者に相談した結果，「国内外の移動が多い」「家庭内の言語が日
本語以外」の二項目が適切ではないかという助言を得た。こうした助言をふま
え，今後のスクリーニング調査の実施に際し，学校の事情に応じて判断基準も
学校裁量で決定していくことが必要である。

（2）就学時の初期対応

　アリーシャちゃんの初期対応で述べたように，大阪市では，外国人児童生徒
の編転入に際し，一般行政，教育行政，学校が一体となって情報共有を行う仕
組みがある。この連携は未就学を防ぎ，子どもの背景に関する状況把握をする
ことで生活環境の問題にアプローチできる。

2　教育行政を軸としたネットワークによる子ども・学校支援
――多文化共生教育相談ルームの設置――

　アリーシャちゃんの事例で述べたように，生活環境の問題を改善するために
は，学校・支援団体・行政等による包括的支援ネットワークの形成が求められ
る。大阪市教育委員会は，そうしたネットワークの拠点となる，相談窓口「多
文化共生教育相談ルーム」（以下，「相談ルーム」）を2018年9月に開設した（図4－
2）。それは，学校におけるグローバル化に対応できるような情報を教職員に
提供し，学校支援の拠点となる役割を担うものでもある。

　相談ルームの目標は，「大阪市で実践してきた個のちがいを尊重し大切にす
る教育をベースに，急速に多様化・多国籍化する社会に生きる資質・能力を学

図4-2　多文化共生教育相談ルームのリーフレット

【ルームがめざすもの】

・大阪市で実践してきた個のちがいを尊重し、大切にする教育をベースに、急速に多様化・多国籍化する社会の中で生き抜く力を学校教育で育むための多文化共生教育を充実させること。

・大阪市外国人教育研究協議会をはじめ、関係諸機関・団体と連携することで、学校・子ども・保護者・地域に対して、そのニーズに応える支援を提供し、子どもの教育権を保障すること。

・大阪らしさを活かした多文化共生社会の実現に向けて、学校が地域と連携・協働して、だれもが住みやすい町づくりの推進に寄与するべく、情報発信していくこと。

直接、ご連絡ください！

外国にルーツのある子どもがいるクラスの担任の先生や、受け入れ準備で悩んでいる学校の担当者など、<u>学校関係者</u>からの相談を<u>来訪または電話・メール</u>で受け付けます。

令和元年度

大阪市教育委員会

多文化共生教育相談ルーム

ちがいを豊かさにつなげ、
互いに尊重しあえる関係づくりのために

グローバル化を大阪の教育の力に変え
世界に羽ばたく子どもの育成を推進します！

校教育で育むための多文化共生教育を充実させる。また，関係機関・団体と連携することで，学校・保護者・地域に対して，そのニーズに応える支援を提供し，子どもの教育権を保障する。大阪らしさを活かした多文化共生社会の実現に向けて，学校が地域と連携・協働して，だれもが住みやすい町づくりの推進に寄与するべく，情報発信していく」と設定されている。

　相談ルームは，具体的には次のような役割を担っている。第一に，前述したような，教育委員会や各校園の実践において蓄積された教材や文書等情報を一元化し，誰もが必要なときに使用できるよう，集約・整理・発信している。第二に，緊急対応や個別対応が必要なケースの相談に応じている。そして，連携できる関係諸機関を紹介し，支援を必要とする学校や児童・生徒への橋渡しを

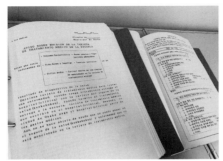

写真4-2　家庭への連絡文書対訳集

出典：大阪市教育委員会

　行っている。相談は，外国にルーツをもつ子どもの在籍する学校園の担任や担当者等，学校関係者からの来訪または電話・メールで受け付けている。

　以下では，相談ルームで行っている取り組みについて述べる。

（1）わかりやすく情報を届ける学校文書の工夫と提供

　学校文書は保護者と学校をつなぎ，情報格差を埋め，子どもの学びを支える上で重要なものである。まず，学校のお便りを多言語に翻訳した「家庭への連絡文書対訳集（英語，中国語，韓国・朝鮮語，スペイン語，ポルトガル語，フィリピノ語）」をおいている。これは，平成6年に作成された，母語別の保護者へのお便りを現状の教育活動と比較した上で活用できる形に変え，提供しているものである（写真4-2　家庭への連絡文書対訳集）。

　次に，個別の学校文書の翻訳依頼にも応えている。主に，保健関係や参観・懇談，土日の登校や休業などの翻訳文書を，以前に作成したことのある学校園から集め，整理して提供できる状態にしている。過去に作成されたものの中に必要な文書がない場合は，言語に堪能な教員や翻訳者に依頼して新しく作成したり，ネット上の他の自治体のものを参考にしたりすることもある。

　保護者の母語で書かれた学校文書は，日本の学校文化や「学校観」，教育システムと保護者のもつイメージとのギャップを埋め，教育活動に対する理解を深められる。また，保護者が授業に必要な準備物を把握でき，学校教育活動を家庭で下支えできるので，子どもの学習を間接的に支えることにもつながる。それにより，子どもの学力・適応の問題が軽減されたり，保護者が子どもの教

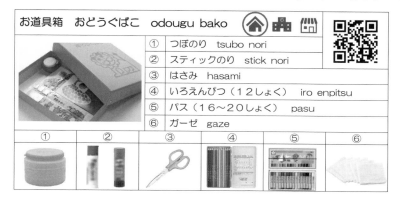

図4−3　写真・ピクトグラム・アニメーション動画を使ったお道具箱の説明

育状況を把握しているという点からアイデンティティの問題にもプラスの影響を与えたりしていると言える。

　さらに，大阪市の教育システムを解説した冊子を置いている。平成14年に『今日からなにわっこ』の改訂版『ようこそ大阪へ』が作成され，学校制度，年間行事，１日の流れなどを，当時の主要８言語で説明している。現在PDF化が進められ，教職員が活用しやすい形が検討されている。

　しかし，グローバル化が進むにつれて，多言語の翻訳には限界が生じる。集住地域では多様な背景をもつ子どもが在籍し，子どもすべての母語に対応する文書を用意することが困難になるためだ。そこで，保護者へ確実に届けたい情報を，やさしい日本語に直して学校に提供する試みも実施されている。

　また，編転入の際に学校で使用する学用品や行事の際の持ち物を伝える工夫として，写真やピクトグラムを入れた，視覚的にわかりやすい文書（図4−3）を作成している。現物の写真を入れ，ものの名前はひらがなとローマ字で記し，アニメーションムービーのリンク先をQRコードにして貼り付けるなど，言葉がわからなくても使用場面と方法がわかるようにしている。QRコードでリンクしているアニメーションは無償で知人に依頼し，作成されたものを利用している。ピクトグラムは購入場所を表していて，その部分だけ多言語に翻訳している（図4−4）。図内のQRコードは，スマートフォンの言語設定を自動的に読み取り，翻訳された状態でピクトグラムの意味が理解できるようにもなっている。

やさしい にほんご	どこで　かっても よい	学校で買える	決められたお店で買う
英語 English	You can buy it wherever you like	You can buy it at school	You can buy it at a certain shop
中国語	在哪里买都可以	在学校可以买	在指定的店购买
フィリピノ語	Puede ninyong bilhin kahit saan	Puede ninyong bilhin sa school	Puede ninyong bilhin sa ibang shop
スペイン語	Puede comprar En cualquier lugar	Puede comprar En la escuela	Tiene que comprar En especificado tienda

図4-4　ピクトグラムの説明

（2）関係諸機関・団体とつなぐ

　学校は，地域や関係諸機関の力を借りることで，言語，学力，適応，アイデンティティ，生活環境の問題に対応可能となる。そこで，相談ルームは学校内で解決できない問題に対応するために，支援の輪を広げる情報提供を行い，重層的支援につなげている。

　たとえば，日本語力を課題とする児童生徒への放課後や土日の日本語指導や学習支援を行っている団体，外国にルーツをもつ子どものための居場所提供団体，子ども食堂団体，フードバンクなどの生活支援の団体を整理し，それら団体の実施している支援情報について集約している。アリーシャちゃんのケースでもそれら多くの団体が連携する形で支援を行っていた。

　また，地域に暮らす外国にルーツをもつ人々に協力してもらう方法も一案として示している。たとえば，学校が地域の日本語学校と連携し，留学生に通訳・翻訳や母語支援を依頼することで多言語に幅広く対応できるようにするだけではなく，地域で多文化共生を推進することにつなげている。

（3）子どもの状況把握と学校の役割の明文化

　相談ルームでは，外国にルーツをもつ子どもの生育歴，学習歴等の正確な子

どもの状況把握のために，個人カードを提供している（図4-5）。外国人の集住地域にある学校では，子どもが長期休業中に帰国し，授業が再開されても日本に戻らない場合がある。本国の連絡先がわからず消息をつかめなくなったケースや，帰国を繰り返す度に指導要録が作成されるために子どもの学習歴を把握できないケースなど，情報がないために支援に困難が生じたケースがあったようだ。そこで，そうした子どもの情報を的確に把握するための個人カードを作成した。カードの項目は，支援に長く携わる人々から聞き取った情報をもとに，学校として把握しておきたい項目を整理したものである。

　カードには，保護者の状況把握に関する項目が掲載されているが，それも適切な子どもへの支援のためには必要な情報となる。近年，過度な個人情報やプライバシーの保護が公教育において定着しているように感じる。しかし，子どもの背景となるものを含めた情報を把握しておかなければ，緊急時にケアをできなくなる場合が多い。プライバシーを保護しつつ，支援を可能とするあり方を模索するべきであるように思われる。個人カードは，外国にルーツをもつ子どもを支援するために聞き取っておいた方がよい項目が並べられている。学校が個人カードを活用すれば，生活環境の問題を抱えた子どもの状況を把握でき，その後の支援計画作成に役立てることができる。

　また，学校の役割を明確にし，学校全体で支援体制を構築するための手立てとして，『受入準備リスト』（図4-6）を作成している。アリーシャちゃんの例で役立ったような学校の受け入れ体制を整え，外国にルーツをもつ子どもの抱えやすい問題にアプローチするために学校が今後取り組むべき事柄を，チェックリストのような形で並べたものである。このリストは，組織的・継続的な支援の実現に向けた校内体制の見直しも含めて，学校全体で外国にルーツをもつ子どもを支援できる仕組みの構築をめざしている。

（4）多文化共生のための授業実践情報の提供

　外国にルーツをもつ子どもの適応の問題に，日本に暮らす子どもの価値観や行動様式が大きく影響を与えることは，第3節2項で述べたとおりである。また，日本の子どもたちの偏見や無知を克服するためだけでなく，外国にルーツをもつ子どもが自分のエスニシティに誇りを感じアイデンティティを確立するために，そして，すべての子どもがグローバル化する社会に生きる資質・能力を育むために，多文化共生教育は重要であると思われる。つまり，異文化理解

図4−5 外国にルーツのある帰国・来日等の子どもの教育を進めるための個人カード

_____区_____学校 記入日_____年___月___日 記入者_____

フリガナ

児童・生徒の本名_____[パスポート在留カードの通り]

フリガナ

通　名_____ 使用言語_____

生年月日 西暦_____年___月___日 性別_____ 国籍_____

現住所 〒_____

在留資格_____ 期間_____ 満了日_____年_____月___日

今回の来日入国年月日_____年___月___日

理由 : _____

保護者名_____ 続柄（　）在留資格_____

　TEL/MAIL_____ 使用言語_____ 日本語（　）国籍_____

　___年___月___日来日 職場_____ 勤務時間 　：　～　：

保護者名_____ 続柄（　）在留資格_____

　TEL/MAIL_____ 使用言語_____ 日本語（　）国籍_____

　___年___月___日来日 職場_____ 勤務時間 　：　～　：

保護者の日本語の状況

　家 庭 内 言 語 ： 日本語だけ 母語だけ（　　　　語）　両方

　学校からの日本語のお知らせ ：　読める　ひらがなで読める　読めない

　懇談・面談などの通訳 ：　不要　必要（　　　語）

　日本語を話せる家族・友人 ：　いない　いる（名前　　　　TEL　　　　　　）

ジェノグラム（年齢・使用言語）	☐ 居を共にする	エコマップ（学校外の支援の輪）

本国での連絡先 _____

フリガナ

名前_____ 続柄（　）TEL_____

編入年月日	年	月	日	年 組 担任	先生

年齢	【成育歴】			【学習歴】	
	西暦	居住地（国・地域）	同居していた家族等	教育機関名（就学前教育も含む）	入学・卒業・転出入年月日
0					
1					
2					
3					
4					
5					
6					
7					
8					
9					
10					
11					
12					
13					
14					

母国＿＿＿＿＿＿＿＿＿＿の教育制度＿＿＿＿＿＿＿制　　　月始まり　　　　月終わり

健康上の留意点（アレルギー等）＿＿＿＿＿＿＿＿＿＿＿＿＿＿＿＿＿＿＿＿

文化・宗教上の留意点＿＿＿＿＿＿＿＿＿＿＿＿＿＿＿＿＿＿＿＿＿＿＿＿＿

本人の性格・特技・得意な科目など＿＿＿＿＿＿＿＿＿＿＿＿＿＿＿＿＿＿＿

これからの予定　　□ 日本に永住→ 中学校卒業後の進路希望　　進学・就職・その他（　　　　　　　　　　）

　　　　　　　　　□ 帰国予定→ 約＿＿＿＿年後　　本人の将来の夢

ことばについて〔 ◎：問題なくできる　○：できる　△：少しなら　×：全くできない 〕

使用言語　第一言語＿＿＿＿＿＿＿＿＿＿　　　聞く〔　〕 話す〔　〕 読む〔　〕 書く〔　〕
第二言語＿＿＿＿＿＿＿＿＿＿　　　聞く〔　〕 話す〔　〕 読む〔　〕 書く〔　〕
日本語の状況　日本語学習歴＿＿＿＿年＿＿ヶ月　　教育機関＿＿＿＿＿＿＿＿＿＿
聞く〔　〕　読む→ ひらがな〔　〕カタカナ〔　〕漢字〔　〕
話す〔　〕　書く→ ひらがな〔　〕カタカナ〔　〕漢字〔　〕

その他の留意点

図4-6 外国にルーツをもつ帰国・来日等の子どもの教育を進める学校のための受け入れ準備リスト

「適応」に関する事項
- □ 保護者に対して、学習に必要な学用品や教材・標準服等の購入について説明
- □ 学校のきまりや活動について説明
- □ 学校保健センター加入、銀行引き落とし等、各種手続きについて説明
- □ 保護者への学校連絡文書作成について今後の方向性・担当者決定
  言語（　　　）　担当者＿＿＿＿＿
- □ 多文化共生教育計画を立案
  クラスの子どもが新しい仲間を受け入れるための異文化[理解]学習を含めた授業計画
  ＿＿月＿＿日　＿＿限から開始　全＿＿回予定
- □ 支援に関わる教員で会議を開き、今後の方向性を検討。アイデンティティの4つの視点における支援を具体的に描く。（★と関連）
  適応、学力、言語、アイデンティティの4つの視点における支援を具体的に描く。

「言語」に関する事項
- □ 日本語レディネスの確認
- □ 校内日本語指導にあたる担当者・場所・時間の確保
  担当者＿＿＿＿　場所＿＿＿＿　曜日＿＿＿＿　限目
  担当者＿＿＿＿　場所＿＿＿＿　曜日＿＿＿＿　限目
  担当者＿＿＿＿　場所＿＿＿＿　曜日＿＿＿＿　限目
- □ センター校へ通級する場合は、手段や同行の有無の確認
  手段（　　　）　連絡先
  同行者（続柄　　　）連絡先
- □ 在籍学級で受ける一斉授業と、抽出による日本語／教科指導の計画策定★
- □ 日本語指導教材の準備
- □ 特別の教育課程による日本語指導[個別]計画の策定

「アイデンティティ」に関する事項
- □ 母文化（自文化）保持のための支援★
- □ 校内（教育課程内・外）やや校外の団体の活動を保護者や本人に情報提供
- □ 隠れたカリキュラムを意識した指導に関する教職員の共通理解の推進

「学力」に関する事項
- □ 前在籍校等から証明書類、通知などを入手
- □ レディネスの確認
- □ 既習内容や方法の違いについても確認
- □ ルビ打ち教科書やリライト教材の体制づくり　方向性の決定★
- □ 学習を支援する校内の体制づくり　方向性の決定
- □ 指導にあたる上での教職員の共通理解を図る校内研修会等の企画

＿＿＿＿さんの学校生活を支えるために整えておきたい4つの視点

各項目の具体的な指針・指標等については、○○○○内に掲載しているので参照の上、実施してください。外国にルーツをもつ子どもの受け入れや教育の推進に関しては、多文化共生教育相談ルーム（○○）△△△△-△△△△、○○○○@△△△△.jpにて情報を提供しています。日本語による意思疎通が困難な場合は、通訳の要請を＿＿＿＿まで。お気軽にご相談ください。

1．Aさんは給食のカレーを
スプーンは使わず手で食べる。

7．Gさんは毎日スカーフ（ヒジャブ）
をかぶって授業を受ける。

9．Iさんはバスケの授業はやる
のに、剣道の授業は受けない。

18．Rさんには2つの名前がある。

図4-7　「あたらしいともだちがやってきた」カード例

出典：大阪市小学校教育研究会　国際理解教育部

にとどまらない多文化共生教育の実践は「適応」自体を問い直し，適応やアイデンティティの問題解決に寄与できると考える。

　そこで，相談ルームでは授業で活用できる指導案や教材を提供している。国語や社会等の教科学習に関連させたり，地域の特性を活かしたりした，教育課程内外で実践できる例を集約している。また，外国にルーツをもつ児童生徒を含め，子どもの実態に応じた授業の組立に関する相談も受け付けている。

　例えば，**図4-7**は学校園から提供を受けた多文化共生教育に使用するカードの一部である。文化的差異を認め，受け入れることを体験できる活動となっている。このような大阪市で過去に取り組まれた実践を相談者に紹介し，教材等作成者の許可を得て配布している。

3　相談ルームからの支援による各学校での取り組み

　前項で取り上げた相談ルームは学校園支援の拠点として情報集約・整理・作成・発信を行っていた。本項では，学校園が相談ルームからの助言や支援を受

けて具現化した取り組みについて紹介する。

（1）言葉の困り感に対する支援

　子どもの言葉の困り感に直接アプローチする支援は，言語の問題だけでなく学力や適応の問題を軽減することができる。言語習得の問題により発生する学力の問題には，教材の工夫が一助となる。ルビうち教科書や，教科書を簡単な表現で書き直したリライト教材，大切なところだけを残してわかりやすくしたデリート教材などはその一例である。前述の「日本語指導が必要な子どもの教育センター校」担当者は上記の教材だけでなく，日本語指導に関する教材も含めて，多くの自作教材を作成している。それらの一部を，学校園は相談ルームから入手し，校内指導に役立てている。最近では，デジタル教科書内にルビうち教科書が含まれていて，印刷するだけで使用できるようにもなっている。

　学習言語習得のための試みもある。学校園は，多言語に翻訳された教科教材や小中学校で導入されているタブレット PC 内の翻訳アプリケーションの存在及び活用方法を相談により知り，教科学習に必要な言語を学ぶ手立ての一つとして役立てている。日本語でのコミュニケーションが苦手な子どもたちが，母語の助けを借り，学習内容の理解を深めている。

（2）保護者の協力や理解を得るための工夫と丁寧な対応

　適応の問題で見たように，保護者支援は子どもの学びを支える鍵となる。日本の学校生活を経験していない保護者に，学校行事等の情報を適切に伝える学校文書が不可欠である。学校園は相談ルームより提供されている多言語翻訳，やさしい日本語，写真やイラストによる学校文書を組み合わせて活用している。一例として，小学校で6月に出された「水泳授業のお知らせ」を紹介する（図4-8）。

　水泳を行う期間や持ち物，安全上の配慮を中国語とフィリピノ語に翻訳しているだけでなく，前述した写真付きの持ち物一覧を学校お便りの一部分として活用している。文字情報だけではなく，視覚に訴えるわかりやすい工夫がされている。

　文書等の工夫だけでなく，学校では，個別に家庭訪問を実施したり，保護者に学校へ来訪を依頼したりして，顔を見て身振り手振りを交えて，コミュニケーションをとることも大切にしている。保護者との良好な関係性の構築が必要なことは，誰にでも当てはまることである。言葉の壁は，翻訳アプリ等であ

図4-8　多言語や写真等を使用した学校文書「水泳授業のお知らせ」

各位家长
sa mga magulang / tagapag-alaga

2019年5月15日
Mayo 15th, 2019

大阪市立○○小学校　校長　○○　○○
○○ Elementary School of Osaka City
Principal　○○　○○

关于游泳学习通知　Paunawa ng swimming sa pag-aaral

游泳学习开始・请备游泳学习
(Upang maiwasan ang pagkalat at hawahan ng kuto)

Mangyaring maghanda para sa pag-aaral ng swimming. Pag-aaral ng swimming ay magsisimula na.

1　期间　Detalye
・第1学期：6月24日（星期一）～7月18日（星期四）
Unang：Hunyo 24 (Lunes) ~ Hulyo 19 (Huwebes)
・暑假：7月22日（星期一）～8月2日（星期五）
Summer vacation: Hulyo 22 (Lunes) ~ Agosto 2 (Biyernes)

2　游泳用具　Mag Kailangan
・游泳衣（深蓝色或黑色）　・游泳帽（橙色）　・浴巾　・游泳袋
Swimsuit (Dark asul o itim)　・Swimming cap (orange)　・Bath towel　・Swimming bag
・健康观察卡（我们需求父母和监护人的签名）
Kalusugan observation card (Hinihiling namin ang lagda o signature ng mga magulang at tagaoag-alaga.

"参加游泳学习⇒请父母和监护人签字
Maglalangoy　⇒　Lagda ng magulang at tagapag-alaga
"不参加游泳学习⇒不参加的原因填满
Hindi maglalangoy　⇒　punan ang mga numero mula sa

3　注意　atensyon
・请务必在您孩子的游泳用具上写上您的姓名。
Mangyaring isulat ang iyong pangalan sa lahat ng iyong mga gamit
・眼科检查耳鼻喉科检查后，（需要治疗时），请务必看医生
Bilang resulta ng ophthalmologic pagsusuri at otolaryngological checkup, kapag paggamot ay
kailangan, mangyaring bisitahin ang doctor
・我们禁止上使用游泳帽和浴巾"（防止头虱）
ipinagbabawal namin ang maghiram at magpahiram ng humiram ng "swimming cap at bath towel"

・当学生使用护目镜时，请务必联系（说明下原因才可以使用）
Kapag mag-aaral ay gagamit ng goggles, mangyaring siguraduhin na makipag-ugnay
（papahintulutan namin kapag may isang dahilan）

"以下情况不能参加游泳学习"　Hindi lalangoy:
・学生忘了游泳帽　Ang mag-aaral ay nakalimutan ang swimming cap
・健康观察卡上没有父母和监护人的签字
Walang lagda ng magulang at tagapag-alaga sa kalusugan observation card
・身体状况不佳　hindi maganda ang kalagayan ng pangangatawan

"为了能参加游泳学习请做好以下事情　Kapag lalangoy:
・剪指甲　Gupitan ang mga kuko
・吃早餐　Kumain ng almusal
・束长发　Ipusod ang mahabang buhok

水泳セット　すいえいセット　Suiei set

① みずぎ mizugi	
② すいえいぼう suieibou	
③ ラップタオル lap towel	
④ プールバッグ pool bag	
⑤ けんこうかんさつカード kenko-kansatsu card	

SHOP：seihuku no ×××　制服の○○○　Tel △△△-△△△△
Adress：○○○、△△△、×××、Osaka City
Open：AM10:00-PM6:00
Chikatetsu ×××　sen　　○○○ △△△ station EXIT△

る程度乗り越えられるようになってきた。次に課題となる心の壁がなるべく低くなるように，時間をかけた丁寧な対応が粘り強く行われている。

（3）多文化共生のための学校文化の醸成

　学校園は，相談ルームの情報提供を利用し，異なる価値観や行動様式を一人ひとりのちがいと認め，ルーツを尊重する文化を醸成しつつある。このことは，適応や生活環境の問題等を改善することにつながる。たとえば，帰国・来日した子どものみに変化や適応を求めるのではなく，日本の学校や子どもたちも多様性を認め，ちがいを受け入れられるようになるための，多文化共生教育の取り組みが進められている。日本で暮らす子どもは，自分の過ごす身近な世界を一番正しいものと捉え，それにあてはまらないことは間違いであると判断し，排除の対象と見なすことがある。一方で，子どもは学習した内容に関しては既知のものとして身近に感じ，寛容な態度を見せる。そのため，多様な文化や価値観を学習することで，次第に「ちがっていて，いいんだ」という多様性自体を受け入れられるようになる。このような多文化共生教育を教科学習に関連づけて取り組むことで，互いを尊重し合う雰囲気が醸成されつつある。

（4）アイデンティティの確立に向けて〜校内で居場所を作る〜

　一部の学校では，外国にルーツをもつ子どもたちのアイデンティティ確立に向けた取り組みを教育課程内外で実施している。これは，アイデンティティの問題だけでなく，適応の問題にも大きく関係する。たとえば，外国にルーツをもつ子どもが多数在籍する学校の一部では，相談ルームで集約された過去の実践例を参考に，学校独自の自文化や異文化を学ぶ課外活動等の取り組みが進められている。また，在日外国人教育の一環として行われてきた民族学級が，国際クラブと名前を変え，韓国・朝鮮にルーツをもつ子どもだけでなく，外国にルーツをもつ子どもすべてを対象としたものに変わりつつある。こうした各自の母文化を学ぶ多文化共生教育を受けた子どもは，母語や母文化への理解を深めたり，自身のルーツに対して誇りをもてたりすることができる。

　また，名前はアイデンティティの一部であり，尊重されるべきものであるとの認識をもって，受入れ時に携わる教職員は対応するようになってきている。大阪では伝統的に本名を大切にする教育を行っている。しかし，日本にやってきた子どもの保護者の中には，日本社会に早く馴染めるよう，母国での本名ではなく，日本風にアレンジされた名前で呼ぶことを希望する場合がある。た

えば，漢字を現地の発音ではなく日本の音読みにしたり，いくつもある名前の中から日本的な部分だけをとり出したりすることがある。日本人が現地読みで発音すると，母語話者には違う意味として理解されるケースもあり，日本語でのカタカナ表記には限界もある。その上，国によっては名前に姓名の区別がないため，日本の姓名に分けて記入することに違和感をもつ保護者もいる。そのため，呼び名（通称）は保護者や本人との丁寧な話し合いにより決定している。

4　NPO 等諸団体による支援

　外国にルーツをもつ子どもに対して，直接的・間接的な支援を行っているNPO 等諸団体の果たす役割は大きい。現状では十分とは言えない公的な支援を補完する役割を担っている団体が点在し，地域に根ざしたノンフォーマル教育を実施している。言語，学力，適応，アイデンティティ，生活環境の問題すべてに対して個別具体的で丁寧な対応がとられている。

　それぞれの団体に共通する傾向として，以下の点が挙げられる。① 外国人の集住地域で実施している，② 定期的に居場所の提供をしている，③ 元公立学校教員や人権団体の活動家など課題意識のある人を中心に組織・運営されている，④ 多くのボランティアにより成り立っている，⑤ 教科学習だけでなく日本語の定着を含めた支援を行っている点である。団体によっては同じルーツをもつスタッフを揃え，子どもと母語で話しをしながら支援をすることができるようにしている。

　その一つである，「Minami こども教室」は，大阪市立南小学校に通学するフィリピン人児童の母親が無理心中を図った事件を契機に，学校や地域の団体が協力して立ち上げた団体である。日本語での学習に困難を抱えながらも，仕事で忙しい保護者との時間がもてずにそうした相談をできないまま，夕方から夜にかけて一人で過ごしている子どもを地域で守り育てることを目標にしている。活動としては，外国にルーツをもつ子どもの学習支援と居場所づくりのため，週1回放課後に，学習支援教室を開催している。つまり，学校教育とインフォーマル教育の橋渡し役のような存在であると言える。また，保護者に対しては，スタッフが区役所でのさまざまな手続きや病院への通院に同行するなど，生活全体への包括的な支援を行っている。

　「西淀川インターナショナルコミュニティー」は，ブラジル，ペルー，フィリピン，スリランカなどの人が行き交う多文化な出来島駅周辺を活動拠点にし

ている団体である。外国にルーツをもつ子どもの放課後教室として週一回の学習支援教室「きらきら」，「たぶんかじゅく「アニモ」」，弁護士による相談会などを実施している。大阪市塾代助成事業を活用し，持続可能な活動にしている。

「おおさかこども多文化センター」は，外国にルーツをもつ子どもの学習や進学を応援する活動として，ボランティアによる学習支援教室「サタデークラス」，「たぶんかじゅく」を運営している。通訳派遣や教育支援など今まで構築したネットワークを活用して，情報を無償で提供している。

NPO ではないが大阪国際交流センターの主催するプレスクールが，10年前から実施されている。2018（平成30）年度は，市内2か所の小学校で実施された。小学校に入学する児童と保護者を対象に，全5回のプログラムが用意され，小学校で使う日本語や学校のルールを入学前に学べる内容になっている。また，保護者を対象にした入学準備や学校生活の説明等もあわせて実施し，日本の学校生活への保護者の理解を図る機会をつくっている。

第6節　大阪らしさを活かした問題への対応と支援

上記，第5節で見てきた支援の実際から考えられる成果をまとめる。アリーシャちゃんのケースで明らかになった問題には，個人カードを使った背景の把握，受入準備リストによる学校の受入体制整備，相談ルームが拠点として行う支援の情報提供により，学校がプラットフォームとなって対応することが可能となる。

その他，第3節で述べた子どもの抱える問題には，以下のように対応できる。言語・学力の問題に対して，「支援を必要とする子ども」の定義の再設定，タブレット PC の翻訳アプリの使用，デリート・リライト・ルビうち教材が役立つと考える。また，日本で学ぶすべての子どもを対象とした多文化共生教育で多様性を認める素地を養い，学校のきまり等の見直しを含めた学校文化を再構築する。保護者に対しても，情報格差を埋める学校文書で活動内容の理解を図る。アイデンティティ確立に向けて，本名を大切にしながら，教育課程内外の多文化共生教育実践でエスニシティを学ぶ機会をもつ。個別の生活環境の問題に対しては，個人カードで背景を把握し，家庭訪問やケースに応じて「ケア会議」等を開いて関係諸機関とつながり，NPO 等団体の力を借りて支援にあたる。以上の支援により，第2節，第3節の課題が軽減されると考えられる。

　これら支援の現状から，一般行政，教育行政，学校，NPO などのノンフォーマル教育団体が，それぞれの立場において，子どもの権利として保障されるべき学びと生活を支えていることが明らかになった。目の前の子どもに必要なものを補完し合うように発展し，また，互いに連携しながら支援内容を充実させる過程から現在の形ができあがったように思う。

　個々の役割が当初から規定されていたわけではないが，現状から，果たす機能にちがいを見出せる。一般行政は，情報の統括と支援の協働ガバナンスをリードし，教育行政は，支援の方向性を指針として出すだけでなく，学校での支援に必要と考えられる人の配置，情報の集約・発信，教材・教具・資料の作成を行う拠点を設置している。だからこそ学校は，子どもの困りごとを発見・把握すれば，教育行政から必要な情報を入手し，すぐに支援体制の構築に向けて対応することができる。また，教育行政や学校は，柔軟な個別のケアを可能とする NPO 等諸団体と子どもを結びつけることができる。そうした NPO 等諸団体は，教職員の気づきを受けて，夜間や休日の子どもに関わる支援や，平日の保護者に対する支援等，学校が対応しきれない問題への支援を行うことができる。この重層的な支援体制のおかげで，教職員の負担を軽減しながら，学校がプラットフォームとなって保護者や子どもに必要な支援を届ける仕組みが機能しつつあると言える。

　大阪のグローバル化の様相は，他の自治体とは異なる。歴史的な経緯もあり，特別永住者や定住者など長く日本に住む人々も多く，近年では日本語を学ぶ留学生が増加傾向にある。このような状況の大阪で行われてきた教育を，志水（2012：50-52）は，何よりも「公正」の原理を大事に組み立てられているとし，その状態を「泥臭い」という言葉で表現している。つまり，「間違いなく，日本のなかで住民の多様性が最も大きい」場所において，「地面にしっかりと足をつけた…（略）…いわゆる「弱者」にやさしいという長所をもっている」と指摘する。伝統的な「しんどい子を中心にした学校・学級づくり」というスローガンにも見られるように，大阪の長年にわたる「同和教育」「在日外国人教育」「障害児教育」などの人権教育の取り組みは，マイノリティの教育権の保障という文化を構築したと言える。この大阪の教育はインクルージョンの概念に重なるところも大きく，志水（2012：52）は「大阪の教育の伝統的スタンスは，真の革新性をその内部に有している」と分析している。外国にルーツをもつ子ども支援においても，これらの伝統が具現化されていると言える。

第7節　学校が支援のプラットフォームとしての役割を担うために

1　公的機関としての学校・教職員の役割

　本節では，グローバル社会に対応する教育を公教育全体でどのように担っていくのか，外国にルーツをもつ子どもへの支援を含め，多文化共生社会に向けた学校と教職員の役割について考察する。

　言葉の困り感を軽減するための日本語指導や，学習理解を促進するための支援だけでは，子どもの学びの権利を保障することは難しいように思われる。生活環境の問題へのアプローチも可能とするような個別具体的な支援に目を向ける必要があるのではないだろうか。そうした支援の実施に際しては，学校だけでなく行政も含めた多くの関係者が関わるが，現状を把握し最初に支援につなげられるのは，日々顔を合わせて些細な変化を感じ取ることができる教職員であろう。学校が子どもの状況を把握できる主要な場所であるという自覚を教職員がもって，支援のプラットフォームとしての役割を積極的に担っていく体制づくりが望まれる。

　また，学校内にちがいを認める文化を育み，多文化共生の実現に向けて既存の仕組みを再検討することが求められる。異文化の中で日常生活を送る子どもにとって，ちがいから生じる誤解や対立の解消が喫緊の課題である。その解決の過程では，課題解決力や折り合い力などグローバル社会を生きる上で必要となる資質能力を学び得られる。これらの非認知能力は，他の教科学習で身につけられる力と同様に大切なものである。外国にルーツをもつ子どものいるクラスが増える今，そうした子どもの受け入れを契機として，多文化共生社会の担い手として子どもを育むためには，教育の現場における支援の仕組みやモデルづくりが急務である。

　その一環として，適応を求める支援方策の練り直しも必要であろう。本来，「学校のきまり」は画一的な教育を推進する不易なものではなく，時代の変化に対応しながら，子どもを守るための一定の水準のようなものであるはずである。きまりが，異なる文化をもつ子どもの編転入によって，その一人ひとりの置かれた状況に応じた柔軟な解釈，運用のできるものであると教職員や子どもたちの間で共通理解されれば，その存在意義や役割が変化するだろう。グローバル化は，既存のきまりを見直し，子どもにとって本当に有益で必要なものを

精選する契機になりうると考えられる。

　こうした視点は，隠れたカリキュラムを意識し，変えていくことにつながる。そうすれば，母語・母文化を肯定的に捉えられるようになり，アイデンティティ問題にもアプローチできるであろう。ますます増加する外国にルーツをもつ子どもたちが日本を好きになり，日本で安心して学び，自分の未来に夢を描くことができると同時に，日本に暮らす誰もがグローバル化を肯定的に捉えられるよう，その状況をアドバンテージとして捉え，学校の仕組みと教育活動のあり方を見直すことが必要であると考える。

2　柔軟な教育行政の支援が学校現場の支援を支える

　学校がプラットフォームとなって子どもの困りごとを発見し，学校外の支援団体や支援者と子どもをつなげるためには，現場の教職員が困りごとに気づいたり，支援団体の情報を得たりする必要がある。また，教職員が柔軟な支援のあり方を知ったり，あるいはいつでも相談できたりする場所をもっておくことも重要である。そのための場を教育行政が設置する必要があるだろう。そうでなければ，教職員は目の前の子どもの状況をどう考え，対応すればいいのかわからないことが多々ある中で，適切な支援をすることは難しいように思われる。

　現在，多くのNPO等諸団体は相談業務を実施し，情報を提供している。また，時間はかかるが，インターネットを活用すれば必要な情報は大方得られるように思える。さらに，学校には，虐待や不登校など子どもの安全・安心を守る仕組みが既にあり，一般行政と連携・協働し，情報共有も行われている。しかし，一教員が，そうした膨大な情報の中から子どもの個別のニーズに即した支援を行うための情報を得て，それらを有効利用して適切に支援を行うのは容易ではない。なぜなら，これまで見てきたように，外国にルーツをもつ子どもの抱える問題によっては，柔軟で多角的な支援が必要であり，そのためには高度な専門的知識と支援マネジメントが求められるからである。それを一教職員が担おうとすると，アリーシャちゃんの事例において筆者が走り回ったように，多大なエネルギーと時間をかけなければならない状況に陥る。

　そのため，各学校園，行政，NPO等地域諸団体をつなぐ中間媒介的な拠点として，情報を集約・提供し，適切な支援方法をともに模索してくれる，相談ルームのような場の設置が求められる。また，そこで働く人員として，学校の現状に精通し，現場での経験がある教職員を配置することが望まれる。なぜな

ら，相談ルームは，情報を集約・提供する中間媒介的な役割を果たすだけではなく，学校のカリキュラムや教育活動の改変へのアプローチを行うからであり，かつ，包括的支援のために行政や学校の有する多様な情報にアクセスするからである。

　大阪市では，教育行政が相談業務の場を独自に設定し，公的セクターとしての責任をもって支援の主体となり，「つなぐ」役割だけでなく「支える」体制づくりを行ったからこそ，前述した柔軟で重層的な支援が可能となっていると思われる。行政は，包括的支援のための情報量と関係性の構築に長けているところであり，それらを集約し，適切な支援を展開させるための役割を担うことが求められていると言える。

3　今後，行政に期待する支援・役割

　学校や教職員が役割を果たす上で行政に期待する支援・役割は，以下の三つである。

　一つ目は，人の配置である。今，現場で必要なのは，ニーズとして把握しやすい日本語指導に関わる教員，母語の支援者，教科学習での学習言語習得を支えるティームティーチングの教員や支援員だけではない。不登校・不就学家庭への訪問や就学援助など手続きに関わる支援など，学校外での活動にも対応できるスクール・ソーシャルワーカーを含め，多くの人員が必要である。今でも十分負担の多い現場の教職員に新たな役割を担わせるのではなく，適切な配置があって始めて，機能すると考える。また，教員が，子どもと向き合ったり，保護者との信頼関係を築いたり，関係諸機関と情報を共有する時間を確保するためにも，教科指導以外のこれらの業務も換算した配置が求められる。

　予算配当は支援の持続性にも影響を及ぼす。外国にルーツをもつ子どもの支援には，多言語への翻訳や通訳者なども含めて，ボランティア頼みの地域も多い。継続的な支援に報酬は不可欠であり，実態に応じた見直しが必要である。また，NPO団体の中には手弁当で活動しているところも少なくない。公的な機関が実施できない役割を担う団体に対しても，その運営のための費用を負担し，持続可能な活動にすることで子どもの学びと生活を守ることができる。

　二つ目は，支援情報の拠点設置とそこへのアクセスの保障である。教職員が外国にルーツをもつ子どもの抱える困難を正しく理解し，支援する対象として見るためにもさまざまな情報は欠かせない。「課題解決のための手段を知らな

い」「どこに聞けばよいかわからない」という理由で，問題を把握していても支援につながらない場合がある。支援情報の集約拠点を設置し，そこにアクセスすれば具体的支援につながる情報取得が可能であれば，現場での実践はより充実したものになると考える。また，現状では，変容や努力を求められているのは，外国にルーツをもつ子どもだけではなく，日本に暮らす子どもや学校自身である，という認識を共有するには至っていない。ニーズを把握し，支援につなげようとする教職員の育成を含め，多文化共生の学校文化の醸成に関わる情報を発信する前述の相談ルームのような役割が行政に求められる。

　三つ目は，支援における協働ガバナンスのリーダーシップである。学校は困りごとを発見し情報を共有することはできるが，関係諸機関との連携の中心的役割は担えない。たとえば，学校が子どもや保護者を具体的な支援につないだ後，子どもが学校外で受けている支援について校内で聞き取って状況を把握することはできても，実際現場へ足を運んで確認するのは，本来の教員の仕事ではない。また，未就学児家庭に対して，積極的なアウトリーチで保護者の意思確認をするのは，学校ではなく行政が担うべきである。学校外の子どもの生活を含め，包括的に見守る仕組みとその協働ガバナンスを先導するのが，行政の役割であると考える。

　学校を支える仕組みと，問題を把握し問題だと認識できる教職員がいれば，学校が子ども支援のプラットフォームとなりうる。そして，相談ルームの設置に見られるように，教育行政が中間媒介的な役割を担い，学校支援と教職員支援を行えば，子どもへの柔軟な支援が可能になる。それぞれの地域性を活かした支援の組織化が喫緊の課題であると言える。

[付記] 本稿は，拙稿「大阪市における多文化共生社会を支える公教育での支援のあり方──「内なるグローバル化」の進む学校教育の可能性とノンフォーマル教育との協働──」兵庫教育大学大学院学校教育研究科教育実践高度化専攻グローバル化推進教育リーダーコースの学習の成果（未公刊）の一部を元に，再構成したものである。

注
　1）2018（平成30）年12月8日には，外国人労働者の受入拡大に向けて新在留資格「特定技能」を盛り込んだ「出入国管理及び難民認定法及び法務省設置法の一部を改正する

　法律」が国会において成立した。訪日外国人数は日本政府観光局「年別訪日外客数，出国日本人数の推移」より2018年の数，在留外国人数は法務省「平成30年末現在における在留外国人数について」より2018（平成30）年12月末時点の数，外国人労働者数は厚生労働省「『外国人雇用状況』の届出状況まとめ（平成30年10月末現在）」より引用。

2 ）在阪外国人数は，大阪市「住民基本台帳人口・外国人人口」平成31年 3 月末現在より引用。外国籍の小中学生数は，「帰国・来日等の子どもの教育研修資料」2019年 7 月30日より引用。

3 ）文部科学省「外国人児童生徒等の多様性への対応」内掲載の「学校基本調査（平成30年度）」，「「日本語指導が必要な児童生徒の受け入れ状況等に関する調査（平成30年度）」の結果について」より引用。

4 ）大阪市「日本語指導必要な児童生徒の受入状況等に関する調査（平成30年度）」帰国・来日等の子どもの教育研修資料2019年 7 月30日より引用。

5 ）その根拠として，日本国憲法［第二十六条］，教育基本法［義務教育］，経済的・社会的及び文化的権利に関する国際規約（A 規約），児童の権利に関する条約が挙げられる。

文献

Cummins, J. & Swain, M.（1986）*Bilingualism in Education*, NY: Longman.

稲垣有一（2001）「共生を育む学校教育を展望する」『教育実践研究』（Osaka Forum For Applied Research in Education）第 1 号， 1 -21頁。

川村千鶴子（2014）『多文化社会の教育課題――学びの多様性と学習権の保障――』明石書店。

松田陽子・野津隆志・落合知子編著（2017）『多文化児童の未来をひらく――国内外の母語教育資料の現場から――』学術研究出版。

文部科学省（2016）「学校における外国人児童生徒等に対する教育支援の充実方策について（報告）」。

大阪市同和教育研究協議会（1986）「大阪市同和教育基本方針制定20周年を記念して」大阪市同和教育研究協議会。

志水宏吉（2012）『検証大阪の教育改革――いま，何がおこっているのか――』岩波書店。

志水宏吉・荒牧重人・榎井緑・江原裕美・小島祥美・南野奈津子・宮島喬・山野良一編（2017）『外国人の子ども白書　権利・貧困・教育・文化・国籍と共生の視点から』明石書店。

志水宏吉・清水睦美編著（2001）『ニューカマーと教育　学校文化とエスニシティの葛藤をめぐって』明石書店。

臼井智美（2014）「ことばが通じなくても大丈夫！　学級担任のための外国人児童生徒サポートマニュアル」明治図書出版。

山田文乃（2019）「外国にルーツをもつ児童に寄り添った多文化共生教育実践――小学校低学年における「グローバル社会に生きる資質・能力の育成」の可能性と課題――」日本国際理解教育学会編『国際理解教育』25，87-97頁。

（山 田 文 乃）

第5章　地域におけるケアの実践

第1節　学校の外への着目

　障害がある，厳しい家庭環境を抱えている，外国につながりがあるなど，身体的・経済的・文化的な差異を抱える子は，学校教育から排除されるリスクが高い。こうしたマイノリティに位置づく子どもを学校ないし社会で包摂するべく，官／民や教育／福祉の枠をこえたアクターによるネットワークの重要性が指摘されてきた（小松 2004）。そして，その到達点の一つとも言えるのが，2015年12月の中央教育審議会答申「チームとしての学校の在り方と今後の改善方策について」であろう。心理や福祉の専門家であるスクールカウンセラー（以下，SC）やスクールソーシャルワーカー（以下，SSW）の配置は全国に広がり，とりわけ厳しい家庭環境を抱えた子への対応に SSW を中心としたアウトリーチ型の支援が必要であることは，もはや周知の事実となった。外国につながる子どものために「日本語指導員」を，障害のある子どものために「特別支援教育支援員」を配置する自治体も増え，教員と異なる立場にあるスタッフの協力を得ながら学校の教育活動は展開されている。

　ただ，学校を拠点として活動するスタッフを増やすだけで，子どもたちの多様化・複雑化する困難に対処しきれるのか，疑問も残る。「働き方改革」が叫ばれてはいるものの，多忙な勤務環境に置かれた教員が他職種のスタッフと十分な打ち合わせをするだけの時間を確保できるとは限らない。また，教員と異なる立場で通常の学級にかかわるスタッフの存在というのは，時にマイノリティの子どもに付与されるスティグマを維持・強化することもある（武井 2017）。ともすると「チームとしての学校」という言葉は，学校を核とする多職種・多機関連携をイメージさせてしまうのだが，困難を抱える子どもの包摂に資するネットワークとして異なる選択肢はないか，検討を進めておく必要があるだろう。

　そこで，学校教育から排除されるリスクの高い子どもに対する支援体制を地域で組織化するための方途について，本章および次章で考察を加えることにしたい。小川（2018：113）が指摘するように，教育を含む「地域生活課題」の把握と連携による解決に向けた包括支援体制の構築が2016年改正の社会福祉法で求められたことに鑑みれば，「学校外の地域に，教育と福祉の連携・協働を図る組織・機関を創設する」というのがマイノリティの子どもに対する支援のあり方として考えられる。実際に，厳しい家庭環境を抱える子への対応をめぐっては，生活困窮者自立支援制度の一環として「子どもの学習・生活支援事業」が全国で行われており，その所管や実施の主体は教育委員会部局でないケースも多い。子どものケアにつながる実践を学校の外に構築するとはそもそもどういうことで，その実現にとって重要なポイントとは何か，事例分析を通してその端緒を明らかにすることは一定の意義があるだろう。

第2節　滋賀県におけるフリースペースの展開

　複合的困難を抱えた子どもに対する地域での包括的支援の実践として本章および次章で取り上げるのが，滋賀県で展開されている「フリースペース」の取り組みである。フリースペースは，県内の社会福祉施設を中心として設置が進むもので，養育困難な状況を抱えた家庭で生活する子どもや何らかの理由で学校に行きづらくなっている子どもに対して「夜の居場所」を提供することを目的としている。立ち上げまでの経緯については日比（2017）や谷口・永田（2018）に詳しいが，まずはその内容を簡単に紹介しておきたい。

　フリースペースの設置が滋賀県内で行われた背景には，「滋賀の縁創造実践センター」（以下，原則として「縁センター」と記す）の存在がある。縁センターは民間社会福祉関係者を中心とする会員制の任意団体で，活動期間を5年間に区切ったうえで2014年に発足した。県社会福祉協議会が事務局となりながら「制度のはざま」にある課題を解決するためのモデル事業を展開し，「児童養護施設等で暮らす子どもたちの社会への架け橋づくり」として就労体験（インターンシップ）の機会を設けたり，「ひきこもりの人と家族の支援」として訪問支援（アウトリーチ）や居場所づくりを行ったりしている。これらのモデル事業は，会員がそれぞれの現場で直面する「制度だけでは支援できないニーズ」や「うまく制度につながらないニーズ」といった「気づき」を出し合い，その解決策

を小委員会ごとに企画立案するなかでスタートしたものである。

　フリースペースは縁センターが行ったモデル事業の一つであり，その企画立案を進めたのは，高齢者福祉施設の職員と社会福祉協議会の職員をメンバーとする居場所づくり小委員会だった。メンバーの間では当初，地域における居場所づくりの重要性や24時間職員が常駐する高齢者福祉施設を活用した事業展開の方向性を共有はしていたものの，誰のための居場所が必要なのかという点については必ずしも明確でなかったという。そこで，小委員会のリーダーが運営する大津市の特別養護老人ホームで地域住民（福祉委員や自治会関係者等）を交えて開かれた会合の折に，居場所としての施設の活用方法について考えるための機会を設けたところ，ある参加者から「子どもが不登校になっていて親も子も困っているという相談を母親から受けたが，そういう子どもや親が安心して通うことができる居場所になればいい」（谷口・永田 2018：80）という提案が出された。この提案が一つのきっかけとなって，小委員会ではその後，地元のスクールソーシャルワーカーや保育士から困難を抱えた家庭における子どもの生活実態についてヒアリングを実施したり，近隣のNPO法人がすでに実施していた「夜の居場所」（トワイライトステイ）の活動を見学したりと，事業の目的や内容の具体化が図られることになる。そして2015年3月から，二世帯六人の子どもたちが集う場として，県内初のフリースペースがスタートした。

　フリースペースの実践はその後，県内他市の社会福祉施設（高齢者福祉施設や障害者支援施設等）に広がりを見せ，2017年には縁センターのモデル事業として実施するものだけでも10か所を数えるまでになった[1]。それぞれの場ごとに来所する子どもたちの特性は異なるものの，「さまざまな事情から学校に行きづらくなっていたり，家庭の中に安らぎがなかったり，子どもらしく大人に甘えることができずにいる子どもたち」を対象とする点は共通している[2]。そのため，どのフリースペースでも夕方から夜にかけて子どもたちにだんらんの時間を過ごしてもらうことが主たる目的であり，誰でも利用可能なオープンな場として開設されているわけではない。相談支援機関による調整会議で選定され保護者の承諾が得られた家庭の子どもだけが週に1回利用できるもので，ほとんどのフリースペースで1〜2家庭のきょうだいに対象を絞っている。そして，しんどさやさびしさを抱える子どもたちが安心して過ごせるよう，フリースペースの運営にあたっては次の六点が重視されているという。

１．"マンツーマン（子ども１人対大人１人）"で大人を独占できる体制をつくる
２．"教える／指導する"という関わり方はしない
３．子どもの"ありのまま"を受け入れる
４．子どもの"思い"に寄り添う
５．子どもの"変化"を見逃さない
６．子どもが，ほっと安心できる場であることを一番に！

出典：滋賀の縁創造実践センター居場所づくり小委員会発行の『フリースペースガイドブック』（2019年３月発行）４頁より

　フリースペースの開設時間中は，当該の社会福祉施設の職員一名が管理人という位置づけで常駐している。さらに，子ども・保護者との関係づくりや何か気になることがあった時の対応を担う「子どもとかかわるワーカー」を確保することにもなっている。しかし，「マンツーマン」で子どもに向き合える環境を作ろうとすれば，来所する子どもの数にあわせて，運営に携わるスタッフを配置しなければならない。また，社会福祉施設の特性を活かして温かい食事を提供したり浴室を利用したりするフリースペースも多いため，スタッフはその準備にもあたる必要がある。しんどさやさびしさを抱える子が「ほっと安心できる場」を作るには，理解ある大人同士のネットワークが不可欠であり，管理人や子どもとかかわるワーカーの他に，地域の住民や近隣の大学の学生といったボランティアの力を借りながら，フリースペースの運営は行われてきた（表5-1）。
　では，実際のフリースペースの運営はどのように行われているのだろうか。次節では，本章を執筆する上村自身が開設に携わった滋賀県 X 市のフリースペースの事例をもとに，その具体を紹介したい。ただし，実在するフリース

表5-1　フリースペースの運営を担う主なスタッフ

管理人	フリースペースを開設する施設の職員。施設には管理費として１回3000円が支払われる。
子どもとかかわるワーカー	子ども家庭支援の経験を有する人が務める。謝金として１回3000円が支払われる。
ボランティア	できるだけマンツーマンで子どもたちと過ごす。１回1000円程度の交通費が支給される。

注：管理費・謝金・交通費の金額については，モデル事業において示された基準額である
出典：滋賀の縁創造実践センター居場所づくり小委員会発行の『フリースペースガイドブック』（2019年３月発行）に掲載されている表を一部改変

ペースの様子をそのまま紹介すれば，フリースペースが開設されている地域や利用する子どもたちの特定につながる危険性があるため，著しい誇張とならない範囲で必要な改変を加えた箇所があることと以下に登場する団体名や個人名は全て仮名であることを予め付言しておく[3]。

第3節　フリースペースにおけるケアの実践

1　子どもたちの状況とフリースペースの開設

　滋賀県の SSW として勤務する筆者（上村）は，X 市の小学校に通う六年生のリサ（姉）と二年生のタイキ（弟）に出会うこととなった。二人は母子家庭の育ちで，母親が夜勤の日などは子どもたちだけで夜を過ごさねばならない環境にある。親族とは離れて暮らしていることやアパート住まいで近隣とのつながりもほとんどないことが影響し，母親としても誰を頼って子育てをしていけばよいのかがわからない状況であった。そして，母親が地域で孤立を強いられていれば，子どもたちとしても近隣で頼れる大人を見つけることは難しくなる。学校から帰ると，遊びには出かけずに自宅で過ごすことが多く，社会とつながる接点は限られていた。

　タイキはご飯を炊くことが，リサは洗濯をすることが，家庭内での役割となっている。タイキが炊いたご飯とコンビニ・スーパーで購入したお惣菜で，夕飯を済ませる日も多かった。ただ，母親の夜勤が続くなどすると，二人のペースで過ごす時間がどうしても長くなる。その結果，規則正しい生活ができずに「遅寝遅起き」で学校に遅刻する，あるいはそもそも学校に行かない日が出てくる。教職員が自宅まで迎えにくることでなんとか給食前に登校するという日も当時は少なくなく，授業に集中できない，宿題が終わっていない，頻繁に忘れ物をする，といった様子も当然に見られた。リサとタイキが円滑に学校生活を送ることができない背景に厳しい家庭環境が影響していることを学校側も把握はしていたが，具体的な対応策を講じることはできずにいたという。

　そこで，県の SSW として勤務する筆者（上村）に対し，X 市から派遣依頼が寄せられることになった。まずは，学校を介して母親に電話を入れさせてもらい，SSW がどのような役割を担う存在で，何を目的として連絡をとっているのか，丁寧な説明を行った。しばらく会話をしていると，誰を頼って子育てをしていけばよいのかがわからないことの辛さや自分たち家族が置かれている

厳しい現実を，母親がとめどもなく語りはじめた。その溢れんばかりの思いをどうにか受け止めるべく，「お母さん，ご一緒により良い方法を考えていきたいので，よろしければ一度お出会いさせていただけるとありがたいんですが，いかがでしょうか？」と声をかけたところ，母親はすぐに了承してくれた。

　母親との面談・連絡を重ねるなかで，リサとタイキの生活を立て直していくのに有効な地域資源の一つとして提案したいと考えたのが，県内の他市町で設置が進んでいたフリースペースである。当時，筆者（上村）は県社会福祉協議会から「教育と福祉の連携ソーシャルワーカー」の委嘱を受け，フリースペースの開設をサポートする役割を担っていた。リサとタイキが置かれている状況を考えれば，二人はまさに「夜の居場所」を必要とする子どもたちであり，この地域で新たなフリースペースを立ち上げることに大きな意義を感じたのだと言える。そこで，Ｘ市の子育て支援部局や社会福祉協議会にフリースペースの開設を提案するとともに，かねてより縁センターのモデル事業に関心を持っていた高齢者福祉施設「やまかわ」の協力をとりつけることで，急ぎ準備を進めていった。そして，子どもとかかわるワーカーやボランティアの確保を含め，リサとタイキを受け入れるための場をなんとか用意できそうだという見通しが持てた段階で，フリースペースのねらいや目的を母親に説明し，その利用を検討してもらうようお願いをした。すると母親からも子どもたちを「夜の居場所」で過ごさせることに前向きな返答が得られたため，いよいよ「やまかわ」にフリースペースが立ち上がることになった。

2　フリースペースの運営

　県内で開設されている多くのフリースペースと同じく，リサとタイキも週に1日，夕方から夜にかけて「やまかわ」にやってくる。フリースペースを運営するスタッフについても，他所と同様にマンツーマンで二人と向き合える体制をとることが原則となっており，現在では子どもとかかわるワーカーが一名とボランティアが二名，そして自宅との送迎を担う社会福祉協議会の職員が一名，月ごとにシフトを組みながら入っている。フリースペースでの時間の流れと子どもたちの様子を簡単に整理すると，概ね次の通りである。

① お迎え→宿題・遊び

　18時頃，社会福祉協議会の車（ただし，その名称が書かれた車ではなく，周囲から

はわからないようになっている）で職員が自宅ま
で二人を迎えに行く。母親には，誰がいつど
のように訪問するかを予め伝えてある。

　車に10分ほど乗ると「やまかわ」に到着す
る。このフリースペースでは主に子どもとか
かわるワーカーが裏方として食事や入浴の用
意をすることになっているため，夕食までの
時間は他のスタッフと一緒に宿題をしたり遊
んだりしながら過ごす。たとえば，リサは女
性のボランティアと小物づくりを，タイキは
男性の社会福祉協議会職員と近隣にある公園
でキャッチボールをしながら，その日に起
こった学校での出来事や間近に迫った行事に
ついて話をする。傍目からは夕食が準備でき

写真 5 - 1　「すいか割り」で遊ぶ様子
写真提供：Ｘ市社会福祉協議会

るまでのゆったりとした時間のように見える
が，子どもたちにとっては自分たちが話した
いことを存分に聴いてもらえる時間となって
いる。また時には，**写真 5
- 1**のようにスタッフを交
えて皆でわいわいと遊ぶこ
ともある。

　ちなみに，タイキにとっ
て最近のブームは歴史や地
理に関するクイズの書かれ
たカルタをすることだとい
う。このカルタは近隣から
やってくるボランティアが
フリースペースで子どもた

写真 5 - 2　ボランティア自作のカルタ
写真提供：Ｘ市社会福祉協議会

ちと遊べるよう自作したものだ（**写真 5 - 2**）。

　② 夕食
　子どもたちとスタッフの夕食については「やまかわ」が準備している。18時

写真5-3　寒いので部屋でお花見
写真提供：Ｘ市社会福祉協議会

写真5-4　パンケーキづくり
写真提供：Ｘ市社会福祉協議会

30分を過ぎると，学校の給食当番のように，子どもたちも参加しながら夕食の盛り付けがはじまる。おかずの盛り付け方やその量，季節ごとの料理の特徴や味付けの仕方など，家庭で話すようなことをスタッフと語らいながら配膳が進む。

食卓にはたくさんの種類の食器が並ぶ。家庭的な雰囲気が感じられるようにと，「やまかわ」の職員があえて陶器を用意している。そこにはまるで家族のようなだんらんのはじまりがある。「手を合わせましょう，いただきます！」というタイキの元気な声が，施設内に響き渡る。

時折，夕食の時間にスペシャルな企画が催されることもある。春には，皆でお弁当づくりをして，外の夜桜を見ながら部屋でお花見をする（写真5-3）。夏には，外でバーベキューを楽しむ。秋には，お月見をしながらお団子を頬張る。冬には，皆で具材を準備して寄せ鍋をつついたり，クリスマスにあわせてパンケーキを焼いたりする（写真5-4）。なかなか家庭だけで経験することの難しい行事を施設側が企画しているため，子どもたちは四季折々の営みを体験することができる。「母の日」にあわせて子どもたちがクッキーやサンドイッチを作った時には，もちろんそれらを自宅にお土産として持ち帰った（写真5-5）。

「おいしいね」と言いながら皆で微笑みながらいただく温かい食事は，リサとダイキのお腹と心を満たし，会話が最も弾む時間となる。スタッフは週ごとに少しずつ入れ替わるため，話題も多種多様だ。スポーツが得意なスタッフがいればスポーツの話で，マンガが好きなスタッフがいればマンガの話で盛り上

がる。おかずが足りなくなるぐらいご飯を食
べる時には，施設が準備している味付のりや
ふりかけを使い，タイキの「手を合わせま
しょう，ごちそうさまでした！」の声を合図
に，片付けがはじまる。

③入浴

　夕食が終わると入浴になる。会話が盛り上
がれば盛り上がるほど夕食に時間がかかるた
め，本来ならば慌ただしくお風呂に向かわね
ばならない日も多い。しかし，どちらが先に
入るかでじゃんけんをはじめたり，なかなか
準備が整わなかったりと，どこの家庭でもそ
うであるように，お風呂に辿り着くまでに時
間がかかる。タイム・マネジメントを担って
いる子どもとかかわるワーカーとしては気が
気でないそうだが，これもまたフリースペー
スがだんらんの空間であることを示す一コマ
なのかもしれない。

**写真 5-5　お土産のサンド
ウィッチ**
写真提供：X市社会福祉協議会

　ようやく準備が整うと，スタッ
フとともに一人ずつ浴室に向かう。
高齢者福祉施設の浴室ということ
でその大きさは一般の家庭に比べ
てずっと広い。少しでも楽しく入
浴できるようにと，浴室には水に
浮かべて遊べるおもちゃも準備さ
れている（写真 5-6）。リサが先
に入浴する日は，タイキが施設の
入所者さんと一緒にテレビで野球
を観ながら順番を待つ。逆に，タ
イキが先に入浴する日は，リサが
本を読みながら順番を待つ。この

写真 5-6　浴室の様子
筆者（上村）撮影

本は，子どもたちが読めるようにと施設が新たに購入したもので，歴史の本や偉人の伝記，動物の図鑑などその種類がどんどんと増えている。最近では，入浴の前後にもこのようなゆったり過ごせる時間が持てるよう，学校から帰ってフリースペースに来るまでの間に宿題を済ませてしまおうと，リサもタイキも努力している。

④ 帰宅→振り返り

　入浴を終えて髪が乾いたら，帰宅の時間となる。行きと同じく帰りも車に乗って，自宅に戻る。20時を目安としているが，行事等の都合でどうしても間に合わないようであれば，予め母親に連絡を入れることもある。なお，そもそも台風や雪などの影響でフリースペースを開くことが危ぶまれる場合は，その日の午前中までに中止するかどうかの決定を行い，関係者・関係機関に連絡を回すようにしている。

　リサとタイキが帰宅すると，スタッフの間で振り返りのミーティングが行われる。子どもたちの様子を見ていて気づいた点を共有し，翌週以降に引き継ぐべきことをノートに記録として残す。フリースペースを開設して間もない頃は，リサとタイキにとって少しでも意味のある活動とするために自分たちは何をしたらよいのかと，参照可能な先例が少ないなかで思い悩むスタッフの声も聞かれた（後述）。しかし，子どもたちの変化を間近で目にすることで，スタッフとしてもフリースペースで実践していることに少しずつ自信を持てるようになる。振り返りのノートに残る「自分の思いを伝えたいという表情をするようになった。笑顔が以前に比べて多く見られた。」（リサ），「施設の方にもきちんとあいさつができるようになってきた。」（タイキ）といった記録には，二人の成長をつぶさに見ていこうとするスタッフの姿勢が表れていると言えるだろう。

3　実践上の課題

　以上見てきたように，「やまかわ」で運営されるフリースペースは，リサとタイキが安心して夜の時間を過ごせるだんらんの場となりつつある。ただ，開設当初からこれほどまでに安定した体制が作られていたわけではなく，とりわけ子どもたちとの接し方については，スタッフの間にも葛藤があった。

　まずスタッフの間で課題となったのが，子どもたちの「甘え」をどこまで受け入れるべきなのかという点である。本章冒頭でも述べたように，フリース

ペースにおいてはマンツーマンで大人を独占できる体制をつくることでしんどさ
やさびしさを抱える子に「ほっと安心できる場」を提供することが目指されて
いる。実際に「やまかわ」のフリースペースでも，リサとタイキに一対一で落
ち着いて寄り添えるだけのスタッフを確保し，だんらんの場を構築しようと努
めていた。すると，リサとタイキがだんだんと次のような姿を見せるようになる。

〈エピソード1〉入浴時

　高齢者福祉施設の浴室には一般の家庭にはない設備もあるため，安全面に対
する配慮として当初子どもたちの入浴時にはスタッフが見守るようにしていた。
二人とも家庭では炊事や洗濯を一人でこなせるほどしっかりしているので，も
ちろん入浴も自分でできる。ところがタイキの入浴時，うまく背中が洗えてい
ないことに気づいたあるスタッフが「背中，洗おうか？」と声をかけると，と
ても嬉しそうに「うん！」と返事をし，それ以来，身体を洗ってもらいたそう
にすることが増えた。また，リサの場合も，シャンプーやリンスをスタッフに
手伝ってもらえると，それをとても喜んでいる。

〈エピソード2〉入浴後

　お花見やバーベキューといったスペシャルな企画をすると，どうしても夕食
に時間がかかる。ただ，20時を目安に帰宅はさせなければならないので，ある
時，リサの長い髪をドライヤーで乾かすのをスタッフが手伝った。すると，リ
サはそれ以後，ドライヤーをスタッフに委ねるようになり，目を閉じてまるで
お姫様のように髪を乾かしてもらうようになった。リサはあまり口数の多い子
ではないのだが，ドライヤーをしてもらっている時には，学校の行事やクラブ
活動での出来事などスタッフとゆったり話をしている。

　いずれも子どもたちにとってフリースペースが安心して過ごせる居場所と
なっていることを示すエピソードではあるのだが，「甘え」への向き合い方を
めぐってスタッフの立場からすると戸惑いもある。当時の振り返りミーティン
グでは，「みなさん，身体を洗うのはどこまで手伝ってあげていますか？　背中
だけにしていますか？　全身を洗ってほしそうにしているんですが，どこまで
手伝ってあげたらいいんでしょうか？」，「嬉しそうな表情を見るとドライヤー

もついつい手伝ってあげたくなるけど，どこまで手を貸してあげていいものなのか，私にはわからないです。」，「我が子でもここまでしていなかったけど，この子たちには甘えさせてあげることも必要なのでしょうか？　それとも，むしろ自立心を奪ってしまうから，やめておいた方がいいのでしょうか？」といった声があがっていた。大人を独占できる体制をつくることの重要性は理解しつつも，子どもたちの将来を見据えてどういった接し方をするべきなのか，スタッフがその判断に迷っていた様子が窺える。

　もう一つ同じく課題となったのが，子どもたちに何を・どこまで注意してよいのかという点である。先述したように，フリースペースの運営にあたっては，「教える／指導する」のではなく，子どもの「ありのまま」を受け入れることが重要だとされている。しかし，子どもを「ありのまま」受け入れているだけで本当によいのか，スタッフはたとえば次のような場面で戸惑いを覚える。

〈エピソード3〉遊びの時間

　リサもタイキも夕食前の遊びの時間を楽しみにしている。たとえば，二人がこれまでやったことのなかった「人生ゲーム」をあるスタッフが持参すると，しばらくの間，夢中になって遊んでいた。ただ，タイキの場合，自分が負けそうな展開になると，「もういい！」と言ってルールを守ろうとせず，機嫌を悪くすることがあった。「タイキ，次，順番だよ」と優しく声をかけられても無視をするなど，気持ちのコントロールが利かなくなる様子も見られたため，ボードゲームをやる時にはスタッフがうまく手加減をしなければならなかった。

　同じく室内でバドミントンをしていた時にも，シャトルがうまく打てないで怒り出すことがあった。「もうできない！」と言ってシャトルを床に打ちつけてしまったため，それ以降，スタッフは「ほら，タイキ，こんな感じでどう？」と，まるで腫れ物にでも触るように声をかけるようになった。せっかく楽しいはずの遊びの時間にこうした事態が起こると，スタッフからその日の振り返りミーティングで，「自分の子どもならば『どうしてこれぐらいのことで怒るの？　我慢できないの？』ってすぐに叱ってしまうんだけど，ここではどうしたらいいのかしら？」，「ここでああいう行動をとるのは仕方ないと思うんだけど，誰にも注意されないまま，学校とかで同じようなことをしてしまうと，先生や友達との関係が悪くなってしまうんじゃないかしら？」といった声が上がった。

　自分が勝つまでゲームを終わらせなかったり自分に都合の良いようにルールを変えてしまったりというのは，子どもが集う場であればどこでも見られるもので，フリースペースのような場では大人に対する「甘え」のあらわれとして捉えることもできる。もちろんスタッフとしてもそれは理解しているのだが，ルール違反をも「ありのまま」受け入れた方がよいのか，それとも時には「教える／指導する」スタンスで接した方がよいのか，その場その場でいずれか判断を下さなければならない。ましてフリースペースを開設して間もない頃には，わざと周囲を困らせるような発言や行動をする様子もタイキには見られたため，子どもを「ありのまま」受け入れるとはどういうことで，そもそも自分たちの実践していることは子どもにとって意味のあるものになっているのか，スタッフは明確な答えを得られぬまま試行錯誤を重ねていた。

4　組織的な支援体制の構築

　こうした実践上の課題を解決に導くため，筆者（上村）はX市社会福祉協議会の担当者らとともにフリースペースの運営を組織的に行える体制を作るための働きかけを行った。ここでは，その中身を大きく次の三つに分けて紹介したい。

① フリースペースの利用段階に応じたねらいの設定

　まず行ったのは，フリースペースにおける個別支援の段階とそのねらいを整理することである。

　フリースペースをスタートさせて半年が過ぎる頃になると，わざと周囲を困らせることで自分をどこまで受け入れてくれるのかを測ろうとする，いわゆる「試し行動」はその数を減らしていた。また，子どもたちの表情が豊かになりスタッフとの会話の幅も広がっていたことから，振り返りのミーティングでは，継続して二人と顔を合わせるなかで少しずつ信頼を積み重ねていくことの重要性が改めて確認されていた。他方，一対一で大人を独占できる環境のなかで，リサやタイキが社会の中で他者とかかわるための力や自立した生活を送るための力を付けはじめていることも，次第に報告されるようになる。たとえば，夕食を自分たちで準備するお花見やバーベキューといったイベントを経るなかで，周りのスタッフのことを意識してタイキが料理を取り分けられるようになったり，リサが包丁を安全に使えるようになったりと，二人は目に見える成長を遂

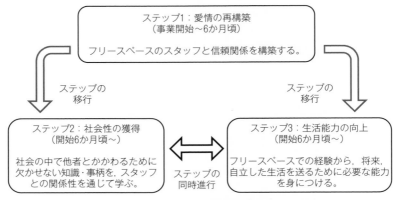

図5−1　フリースペースの利用段階に応じたねらい

出典：Ｘ市フリースペース事業運営マニュアルより一部改変して抜粋

げていた。[4)]

　こうした状況をふまえたうえで，フリースペースで展開する支援の段階とそのねらいを整理したのが，図5−1である。「ステップ1：愛情の再構築」で「信頼関係」という言葉を使っていることからもわかるように，しんどさやさびしさを抱える子にだんらんの時間を過ごしてもらうことがフリースペースの主たる目的であることに変わりはない。ただ，子どもの「ありのまま」を受け入れるなかで培われてきた関係性と子どもが安心して過ごせるという場の特性を大事にしながら，その基盤のうえに「ステップ2：社会性の獲得」や「ステップ3：生活能力の向上」に資する機会を意図的に設定することが目指される。それは，「社会の中で他者とかかわるために欠かせない知識・事柄を，スタッフとの関係性を通じて学ぶ」ことや，「フリースペースでの経験から，将来，自立した生活を送るために必要な能力を身につける」ことが，リサやタイキの最善の利益に適うと判断したからであった。

② 支援方針の具体化・可視化

　続いて行ったのが，段階ごとに整理されたねらいをベースに子どもたちの支援方針を具体化・可視化するべく「個別支援シート」を作成することである。図5−2に示すタイキの個別支援シートを例にとれば，いわゆる「試し行動」が減って素直に甘えられるようになったことは「本人の良さ」として，入浴時

図5-2　タイキの個別支援シート

| | ステップ1 | ステップ2 | ステップ3 |
	愛情の再構築	社会性の獲得	生活能力の向上
本人の良さ	・姉への思いやりがある。 ・素直に甘えられるようになった。	・知的好奇心が旺盛 ・高い記憶力	・配膳や盛り付けの時に気遣いができる。 ・挨拶が増えてきた。
気になるところ	・入浴時，男性スタッフに身体を洗ってもらいたがる。	・学校での人間関係 ・学校に遅刻することがある。 ・学習面のつまずき	・どこまで入浴時の手伝いが必要なのか？
現在の取り組み	・毎回，男性スタッフ1名が入るようにしている。	・活動の体験を増やす（野球，バドミントン，ゲームなど）。	・調理体験の機会を設けている。 ・入浴時はできるだけ自分で身体を洗うよう声をかけている。
重点目標	・ステップ2→3への移行	・登校リズムの定着と学力の確保 ・生活リズムと生活状況の確認	・本人ができることは本人の力でできるようにしていく。
支援方針	・本人の甘えの部分は大切に。あくまで関係性重視で進める。 ・進級を機会に社会性の獲得と生活能力の向上に力点を。	・学校での活動や学習に前向きな姿勢で参加できるよう促す。 ・学校での出来事を振り返る機会を設ける。	・本人の甘えの部分は大切に。あくまで関係性重視で進める。 ・調理体験の機会などを積極的に活用する。
具体的な支援および手立て	・信頼関係をベースに積極的に働きかける。	・登校リズムの定着を意識づける。 ・勉強・遊びの時間にできるだけ褒める。	・本人の自信につながる声がけを増やす。 ・自分で洗う箇所をなるべく増やす（背中だけは流してあげる）。

出典：実際に使われた個別支援シートの内容を筆者らが再構成して作成

に身体を洗ってもらいたがる点は「気になるところ」として，現在の「愛情の再構築」に係る状況が整理される。そのうえで，「本人の甘えの部分は大切に」しながら「社会性の獲得と生活能力の向上に力点を」置きながら働きかけることを，今後の支援方針として設定した。

　スタッフは振り返りのミーティングの時などに適宜このシートを参照することで，社会性の獲得や生活能力の向上を図るために何を・どこまで本人に促していくべきか，現状の到達点をふまえながらスモール・ステップで計画を立てることが可能となった。そしてその結果，たとえば〈エピソード3〉に出てくる自らの負けを認めたがらないタイキの姿というのは，ゲームやスポーツの時間を継続的に設定し，ルール通りに最後までやりきった時にはスタッフが意識して褒めるようにすることで，最近では見られなくなっている。実際に，ある

スタッフはインタビューの中で次のように述べていた[5]。

> 以前は，ゲームとかだとちょっと負けてあげるというか，手を抜きなが
> ら（タイキが）へそ曲げないようにとか気遣いをしていたんですけど。今
> はもう負かしても大丈夫というか，「やった！　勝った！」と私が喜んで
> も，「ふぅ」とか言いながら「もう1回」って。……（以前は）よく自分の
> ルールを作ってなんとか勝とうとかしていましたもんね。野球とかしなが
> らも「これはセーフ」とか，自分に都合のいいルールをしていたのが，今
> はみんなのルールで遊んでちゃんと負けているというか。ちゃんと負けて
> 悔しがっているというか。
> 【武井：（今は）ルールを曲げたりはしないわけですか？】
> しない，しなくなりました。

「みんなのルールで遊んで」「ちゃんと負けて悔しがっている」タイキの姿と
いうのは，まさに「社会の中で他者とかかわるために欠かせない知識・事柄を，
スタッフとの関係性を通じて学ぶ」様子（ステップ2）を表している。個別支援
の中で培ってきた信頼関係を活かすことにより，子どもの将来にとって必要な
力をできるだけ自然につけていけるような仕掛けが，個別支援シートを媒介と
して整いつつあると言えるだろう[6]。

③ 会議体の設置

さらに，個別支援シートの作成・活用と並行して進められたのが，関係者・
関係機関の連携を促す会議体の設置である。「やまかわ」にフリースペースが
開設してからしばらくの間，リサとタイキの支援に直接携わるスタッフが集ま
る機会というのは，毎週の振り返りミーティングだけであった。だが，そもそ
も「やまかわ」のフリースペースは，スタッフとして登録するメンバーが月ご
とにシフトを組みながら運営する体制をとっているため，振り返りミーティン
グに必ずしも全員が参加するわけではなかった。そこで，筆者（上村）やX市
社会福祉協議会の担当者はもちろんのこと，子どもとかかわるワーカーやボラ
ンティアとしてフリースペースにかかわる全てのスタッフ，さらには「やまか
わ」を運営する社会福祉法人の職員までが参加する「定例実務者会議」を設置
することとなる。

「定例実務者会議」は，4〜5月の大型連休前，夏休み明け（10月），年末ま

たは年始と，基本的に年3回催される。会議の中では，子どもたちの現状や今後の方針について個別支援シートをもとに共有が図られるとともに，必要に応じてその内容に関して追記・修正を行う。たとえば，夏のバーベキューなど夕食を自分たちで準備するイベントを経るたびに子どもたちの包丁の扱いが上手くなっていることをあるボランティアが報告した時には，社会福祉法人の職員から「リサやタイキの将来の自立につながるよ

写真5-7　調理体験の様子
写真提供：X市社会福祉協議会

うな体験とか，『そういえばここでこんなことしたことあるな』と後から思ってもらえるようなイベントとかを，こちらとしても年間の計画の中で検討していきますね」という発言があった。その結果，調理体験の機会などを積極的に活用しながら生活能力の向上を図っていくという支援方針が立てられることとなり，実際に「やまかわ」が企画を担うイベントはその数を増やしていった（写真5-7）。関係者の連携を促すことの重要性を示すエピソードだと言えるだろう。

5　養育支援への展開とフリースペースがもたらす効果

　フリースペースを組織的に運営するための体制が構築されるなか，併せて筆者（上村）はSSWとして養育支援のための場づくりを行った。それが，「子ども応援会議」と銘打った保護者参加型のケース会議である。

　子ども応援会議は，リサとタイキが通う学校を会場として，およそ2か月に1回のペースで開催されている。開催日によって多少の違いはあるものの，①学校および教育委員会の担当者，②市の子育て支援部局の担当者，③フリースペースの運営に携わる市社会福祉協議会の職員，そして④母親が出席し，司会は筆者（上村）が務める。まず，家庭での子どもたちの様子を母親が報告し，子育ての中で悩んでいることや困っていること，あるいは最近うまくいっていることを述べてもらう。続いて学校と市社会福祉協議会から，教室やフ

リースペースでのリサ・タイキの様子を報告してもらい，今後に向けて学習面・生活面で伸ばしていきたい力を全員で考える。そして，家庭における子どもへのかかわりで良い面を評価したり改善点を指摘したりする役割を，市の子育て支援の担当者や筆者（上村）が担う。母親にとってやや耳の痛い話をしなければならない時はすでに一定の関係性ができていた筆者（上村）の出番であり，市の担当者は主に母親のエンパワメントを行うようにしていた。

　リサ・タイキを取り巻く関係機関が一堂に会する場を保護者参加型で設けたことは，大きく二つの意義を有していた。第一に，子どもたちの頑張りや日々の成長を共有する機会となったことである。学校やフリースペースで二人が新たなチャレンジをし，これまでできなかったことができるようになることは，子ども応援会議に参加するメンバー全てにとって大きな喜びとなる。とりわけ，それまで誰かを頼ることもできずにいた母親にとって，自らの子育てが少しずつ良い方向に進んでいるという実感が持てることは，保護者としての自信につながった。第二に，関係機関が母親との関係を構築する機会としての意義である。子育ての中で悩んでいることや困っていることを母親から直接聞けるというのは，②市の子育て支援部局の担当者にとって今後の養育支援の方針を立てるための貴重な情報源となる。また，①学校および教育委員会の担当者や③フリースペースの運営に携わる市社会福祉協議会の職員にとっては，リサ・タイキの背後にある家庭の状況を深く理解することにつながった。他方，自らの子育てに手ごたえが得られるためか，母親は子ども応援会議に集うメンバーを少しずつ信頼しはじめ，関係機関に対して必要な支援を求めるようになった。

　なお，子ども応援会議をあえて学校で開催しているのには，1）子どもの生活支援に学校が果たすべき役割は大きいことを教職員に意識してもらう，2）関係機関の取り組みに対する理解を深めてもらうというねらいがある。たとえば，もし子ども応援会議に学校側から誰も参加しなければ，リサやタイキのフリースペースでの過ごし方やスタッフのかかわり方について，教職員が情報を得る機会というのはほとんどない。また，たとえ会議には参加していたとしても，子どもの生活支援は原則として他機関が担うべきだと教職員が考えていれば，フリースペースの実践とは全く無関係に学校は教育活動を展開させていくのかもしれない。しかし二人が通う学校は，リサとタイキがフリースペースで宿題に取り組む日があることやバーベキューなどスペシャルなイベントが催されていることを，子ども応援会議への参加を通して認識した。そのうえで，ボ

ランティアでも確認がしやすい宿題をフリースペースの開所曜日にあわせて出してくれたり，イベントの実施日に管理職がわざわざ見学に来てくれたりと，可能な範囲での配慮を加えてくれている。ここには，学校とフリースペースのゆるやかな連携が図られている様子を見て取ることができよう。

　フリースペースの運営と子どもの応援会議の開催が軌道に乗りはじめると，リサとタイキの生活にも変化が表れるようになる。先述したように，もともと二人は「遅寝遅起き」ゆえ学校に遅刻したり欠席したりする日が多かったのだが，その数は激減した。きちんと朝から授業が受けられるようになると，学習面の遅れを少しずつではあるが取り戻し，いきいきと授業に参加する姿を見せはじめる。また，学級での活動にも継続して参加することが可能となるため，友人が自然と増え，校内に自分の居場所もできていく。学校での出来事やそのなかで楽しかったことを，フリースペースで自ら話しはじめる日も多くなった。

　二人の生活リズムが整ってきたことは，フリースペースでの過ごし方を見ていても明らかであった。フリースペースの利用を開始してからしばらくの間は，リサもタイキも来所してから眠たそうに過ごすことがあった。実際に当時の振り返りミーティングの記録を見ると，「ねむそうで，来所後，机の下でねているが，夕食にて起きる」，「ごはん直前まで起きれず……寝起き後はしばらく口数が少ない」といった記述が頻繁に登場する。また，自宅まで二人を迎えに行っても，熟睡しているせいかなかなか起きてくることができず，とりわけタイキはスタッフに抱っこしてもらいながら連れてこられる日も少なくなかった。ところが最近では，フリースペースに来てから二人が寝てしまうようなことは全くない。自宅との送迎を担当するスタッフによれば，「今は（歴史）クイズだとかをものすごくタイキさんが期待して来てはるので，迎えに行っても車の音が聞こえたら，すっと（自分から）出てきはる」のだという。

　さらに，単にだんらんの時間を過ごしてもらうのではなく将来の自立を視野に入れた活動をフリースペースでスタートさせたことの効果も少しずつではあるが出てきている。調理体験の機会を通じて子どもたちが包丁の扱いに慣れてきたことを先に述べたが，リサは母親と一緒に運動会のお弁当づくりをするまでになった。またタイキには最近，お気に入りのプロ野球球団（関西を本拠地とする球団ではない）ができたそうだが，なぜあえてその球団なのかを尋ねると，学校で仲の良い友達が応援していることを理由に挙げたのだという。スタッフに対するインタビューの中では，二人がフリースペースを「卒業」する日がそ

う遠くはないと指摘する声も上がっていたが，それは，社会性の獲得や生活能力の向上を意識した活動がゆっくりと実を結びつつあることの証左なのかもしれない。

第4節 地域におけるケアと専門家の役割

　本章では，子どものケアにつながる実践を学校の外に構築するとはそもそもどういうことで，その実現にとって重要なポイントとは何かを考察するべく，X市におけるフリースペースの取り組みを見てきた。まず改めて確認したいのは，厳しい家庭環境に置かれた子どもたちの生活を下支えするとともに，子どもたちが地域の中で他者とのあたたかなつながりを実感できる場を提供することが，この取り組みの意義だという点である。学校から帰っても遊びに出かけることの少ないリサとタイキがどのような困難を抱えているか，地域の住民が気づける機会というのはどうしても限られてしまう。フリースペースという場を設けることは，地域では見えてきづらい子どもたちのニーズに真摯に向き合おうとする人々を呼び寄せるきっかけとなった。そして，子どものありのままを認めながらその潜在的なニーズに応答しようとする人々の存在というのは，地域からの孤立を抑止するという点でも大きな意義を持つ。リサとタイキ，さらにはその母親が抱える全ての困難を解決するほどの力は持ち合わせていないかもしれないが，フリースペースは他者の「生」を支えるという根源的な要素と他者との距離の近さを含むものであり（第2章参照），その取り組みはケアを基盤とする関係構築の実践として捉えることができよう。

　併せて，子どものケアにつながる実践が学校の外で行われることの意義にも注目したい。リサとタイキが円滑に学校生活を送ることができない背景に厳しい家庭環境が影響していることは，学校としても理解していた。しかし，おそらく全国ほとんどの学校がそうであるように，教職員の力だけでこの課題を解決するのは難しい。そこで必要となるのが学校の外で子どもたちが安心して過ごせる居場所であり，フリースペースは厳しい家庭環境に置かれた子どもたちが利用可能な「地域資源」として機能しうる。滋賀県内でもまだまだフリースペースの数は限られているものの，こうしたケアを基盤とする関係構築の実践が地域に広がることは，複合的困難を抱える子どもの包摂を実現させようとする行政・学校の取り組みの一助となるだろう。[7]

　ただし，フリースペースという新たな地域資源を創出することは，そう簡単にできるわけではない。本章で見てきたように，厳しい家庭環境にある子どもたちに真摯に向き合おうとする人々であったとしても，その「甘え」をどこまで受け入れ，何を・どこまで注意すべきか，戸惑いを覚えることはある。まして複合的困難を抱えた子どもに向き合った経験の少ない人であれば，活動の継続性に影響を与えるほどの悩みを抱えることも考えられよう。そもそも，子どものありのままを認めながらその潜在的なニーズに応答するというケアの技法を，全ての人が備えているわけではない。フリースペースの運営を地域に丸投げすれば，逆に子どもをさらに苦しい立場に追いやる危険性すらあることに，我々は注意を払わねばならない。

　そこで重要となるのが，ソーシャル・ワークの専門家が果たす役割である。①フリースペースの利用段階に応じたねらいの設定，②支援方針の具体化・可視化，③会議体の設置を促したことは，子どもたちへの接し方に試行錯誤を重ねるスタッフの戸惑いを受け止め，今後の方向性を整理・共有する意味を持っていた。また，「子ども応援会議」を継続して開催することには，フリースペースの運営を通じて醸成された保護者とのつながりを関係機関にまで広げるという効果がある。複合的困難を抱える子が安心して過ごせる居場所の組織的な運営を手助けし，関係機関を巻き込んだ支援体制を構築することは，ソーシャル・ワークの専門家にこそ期待される役割であり，子どものケアにつながる実践を学校の外に構築するうえで不可欠なものと言えるだろう。

［付記］本章は第1・2・4節を武井が執筆，第3節を上村・武井が共同で執筆した。また，JSPS科研費18K13074の助成を受けた研究の成果を含んでいる。

注
　1）2016年改正社会福祉法において「地域における公益的な取組」を実施する責務が社会福祉法人に課された（第24条第2項）ことを考えると，縁センターの実践というのは先進性を備えたものだったと言えるだろう。
　2）滋賀の縁創造実践センター居場所づくり小委員会が2019年3月に発行した『フリースペースガイドブック』の4頁より。
　3）第3節および第4節の記述は，1）筆者（上村）が残していた当時の記録，2）当該フリースペースの運営に携わる4名のスタッフおよびX市社会福祉協議会の担当者に対するインタビュー（2019年7〜8月に実施），3）X市社会福祉協議会やフリース

ペースのスタッフが保存していた会議等の資料をもとに構成した。ここにお名前を記すことはできないが，調査にご協力くださった方々に対し，厚く御礼申し上げたい。

4）先述したように，夕方から夜にかけて子どもだけで過ごさねばならない日は，夕飯を自分たちで準備して済ませることがある。ただ，その場合もコンビニ・スーパーで購入したお惣菜が使われることがほとんどなため，包丁を使うことに慣れているわけではなかった。

5）インタビューの引用文中における（　）は筆者による補足を，「……」は省略を意味する（以下同様）。

6）むろん，個別支援シートがあるからといって社会性の獲得や生活能力の向上ばかりが意識されているわけではない。「あくまで関係性重視で進める」という点はシートにも記されており，ステップ2・3のベースにあるのはステップ1：愛情の再構築である。実際に，〈エピソード2〉で取り上げた入浴後のドライヤーについて，当初は「どこまで手を貸してあげていいものなのか，私にはわからないです」という声が上がることもあったが，現在も引き続きスタッフが手伝っている。筆者らが実施したインタビューの中においてもそれを否定的に捉えるような語りが出ることはなく，むしろ「フリースペースでは甘えながら一緒に過ごせたらいいかな」という声が聞かれるほどであった。個別支援シートの登場により，子どもたちの「甘え」を存分に許容する場面と将来に向けて必要な力をつけさせていく場面が，スタッフの間で整理されたと言えるのかもしれない。

7）X市社会福祉協議会の担当者も「目の前で本当に困難を抱えている家庭の子どもさんっていうのと面しているのは，やっぱり福祉の，たとえば児童虐待（に対応するため）の（行政の）部署であったり学校の現場であったりということなので……こういったフリースペースみたいな場所の必要性を，たぶん一番じかに感じるのは，おそらく行政とか学校現場の人たちじゃないのかなと私は思っています」と述べていた。

文献

日比晴久（2017）「社会福祉施設を活用した支援を要する子どもの夜の居場所づくり——フリースペースの実践を通して」『滋賀社会福祉研究』第19号，24-28頁。

小松茂久（2004）「教育ネットワーク支援のための教育行政システムの構築」『日本教育行政学会年報』No. 30，2 -16頁。

小川正人（2018）「教育と福祉の協働を阻む要因と改善に向けての基本的課題—教育行政の立場から」『社会福祉学』第58巻第 4 号，111-114頁。

武井哲郎（2017）『「開かれた学校」の功罪——ボランティアの参入と子どもの排除／包摂』明石書店。

谷口郁美・永田祐（2018）『越境する地域福祉実践——滋賀の縁創造実践センターの挑戦』全国社会福祉協議会。

（上村文子・武井哲郎）

第6章　官民連携による包括的支援

第1節　「地域におけるケアの実践」を支えるために

　本章の目的は，「地域におけるケアの実践」を支える官民連携のあり方について示唆を得ることにある。具体的には，前章で取り上げた「フリースペース」の取り組みを持続可能なものとするべく，滋賀県内の自治体でどのような動きが起こっているのか，事例の分析からそのポイントを抽出することが主要な課題となる。

　「地域におけるケアの実践」としてのフリースペースは，主として"民"の力によって運営されている。フリースペースを開設するのは社会福祉法人の施設であることが多く，運営の実務については子どもとかかわるワーカーやボランティアといった地域の住民が担っている。滋賀の縁創造実践センター（以下，原則として「縁センター」と記す）のモデル事業としてフリースペースの開設を後押ししてきた県・市町の社会福祉協議会というのも，社会福祉法に規定はされているものの，あくまで営利を目的としない民間の組織に位置づく。考えてみれば日本では，子どもの教育にかかわる領域で"官"が大きな存在感を発揮してきたのに対し，学童保育や放課後等デイサービスなど子どもの福祉にかかわる領域は（その良し悪しは別として）"民"の力に多くを委ねてきた。よって，学校の外で子どもの福祉的課題にアプローチする以上，"民"が果たしうる役割を無視することはできない。

　ただ，第2章でも指摘されているように，「ガバメントからガバナンスへ」というスローガンのもと"官"が果たすべき役割や責任を不明瞭なものにすることだけは，注意深く回避する必要がある。そもそも"民"だけで全ての福祉的課題を解決できるかといえばそうではなく，人的・物的資源の確保など"官"が関与しなければならない問題は多岐に渡る。まして困難な状況に置かれた子どものケアを地域の住民に丸投げするというのは無理があり，それは，

ソーシャル・ワークの専門家がフリースペースの開設に大きな役割を果たしたX市の事例（前章）からも明らかだろう。"民"の力だけで「地域におけるケアの実践」を成立させることの限界を見定めたうえで，"官"が果たすべき役割や責任を明確にすることが重要だと言える。

　そこで本章においては，「地域におけるケアの実践」を官民で連携しながら進めてきた自治体として，彦根市と高島市の事例を取り上げることにしたい。縁センターの事務局を務めてきた県社会福祉協議会の谷口郁美氏によると，もちろん他の市町においても"官"の関与は一定認められるのだが，両市ではこの間，行政が「単なるお客さんでなく」「推進のチーム」となってフリースペース事業に取り組もうとする様子が見られたという[1]。以下，両市でフリースペースの設置・運営にかかわってきた担当者へのヒアリングや関連する文書資料をもとに，官民連携のあるべき姿を考察する[2]。

第2節　彦根市におけるフリースペースの展開

1　社会福祉協議会の位置づけ

　彦根市内でフリースペースがはじめて開設されたのは2016年2月にまで遡る。そこは，県社会福祉協議会から「教育と福祉の連携ソーシャルワーカー」の委嘱を受ける予定（4月～）にあった上村氏をはじめ[3]，市福祉部局や教育委員会で厳しい家庭環境にある子どもを地域で包摂するための社会資源の必要性を感じていたメンバーが，立ち上げに向けて動いたものであった。現在，このフリースペースは彦根市社会福祉協議会が実施主体となって運営を行っているのだが，もともとは関係機関の一つという立場でのかかわりにとどまっていたという。「市の社協っていうのが，たとえば直接，要対協のケースの家庭に訪問するとか，そのケースを実際に取り扱うとかっていうことはまずない[4]」（森課長）なかで，社会福祉協議会が担っていたのはフリースペースの運営に携わるスタッフ（子どもとかかわるワーカーおよびボランティア）の募集・調整といった役割であった[5]。

　ところが，フリースペースの運営が少しずつ軌道に乗りはじめると，社会福祉協議会の位置づけを大きく変える動きが起こる。その一つは，2016年度に行われた「子どもの貧困対策計画」の策定である。彦根市は，2017～2019年度の計画を策定するにあたって貧困にかかわる実態調査を実施し，関係機関へのヒ

アリングなどから「学校での学習支援は小・中学校を中心に行われているが，支援が必要な児童・生徒ほど参加できていない」，「生活の困難さから精神的に疲弊し，子どもと向き合う余裕がない家庭もある」，「保護者が夜に出勤し，朝に帰宅するため，適切な食事を用意できず，子どもの生活習慣の乱れや不登校などにつながる」といった課題を幅広く抽出した。そのうえで，「子どもたちの育ちを応援」するための手段として「居場所づくり」に注目し，フリースペースの整備を具体的な施策の一つとして位置づけた。当時，市行政からの出向で社会福祉協議会に勤務していた森課長は，その経緯について次のように振り返る。

　　当時の担当職員さんが……子ども貧困対策に取り組んでいくのに，行政だけの計画を作っても意味がないっていう考え方だったんです。……経済的貧困は行政施策がやる部分が大きいけれども，愛情（の貧困）とかつながり（の貧困）はどちらかというと地域とかいろんな多様な機関のかかわりがあってこそ初めて解決できるので，この部分，社協に頑張ってほしいんですっていう話があったんです。だから，子どもの貧困対策計画を作る時に……「すでにやっているフリースペースも含めて計画の中に何を盛り込んだらいいか，案をくれ」って言われたんですよ。

　策定された「子どもの貧困対策計画」には，2019年度までの目標値として市内三か所にフリースペースを設置することが掲げられている。また，「社会福祉協議会と連携・協力し，子どもたちを応援する地域や支援者を，人材育成から活動の運営までトータルにサポートする体制を整備します」といった記述にも表れるように，子どもの貧困対策にかかわる関係機関の一つに社会福祉協議会が位置づけられた（図6-1）。そして2017年度からは，彦根市の委託で「子ども・若者を応援するひとづくり・地域づくり推進事業」がスタートし，担当のコーディネーターを新たに一名雇用することが可能となった。

　社会福祉協議会の位置づけを変えるもう一つのきっかけとなったのが，社会福祉協議会が募集や調整を行ったスタッフからの声である。第5章で取り上げたX市の事例でも見られたように，フリースペースで子どもたちと直接かかわっていると，スタッフの側に戸惑いが生じることがある。たとえば，市内2か所のフリースペースの運営に携わる子どもとかかわるワーカーやボランティアが一堂に会した意見交換会では，ある出席者が次のようなコメントを出して

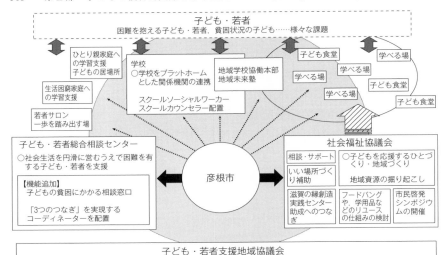

図6-1　「彦根市子どもの貧困対策計画」における関係機関の連携

出典：「彦根市子どもの貧困対策計画」55頁

いる。[8)]

　　いつもお世話になりありがとうございます。

　　回を重ねる度に△△△さんとの距離が少しずつ近づき，リラックスして笑顔が出てくるようになり，楽しいひとときを過ごさせていただいています。先日も会話がはずみ「おばちゃんは夏休み何してた？　夏休みで一番楽しかった事は何？」などと彼女から質問され，積極的に会話をしてくれるようになりました。

　　ただこちらとしては，日常の様子がほとんどわからない状態なので，学校での行事，友だち等の事を会話するのはむずかしく，考えながら話をしています。

　　彼女の不安な気持がある時など，無神経な言葉がけをしていないか心配です。通りいっぺんの言葉がけでは彼女の心に寄り添えないと思うので，会話をする際に注意すべき事項（健康状態・学校での様子）をあらかじめ知らせていただいた方が，ありがたいです。

　当時，フリースペースに集う子どもたちの背後にある「日常の様子」について，スタッフが公式に情報を得るルートというのは用意されていなかった。そのため，学校や友達の話題を出すにしてもその場その場で子どもの反応を注視する必要があり，これまで積み重ねてきた信頼関係を崩すような「無神経な言葉がけ」をしていないかどうか，スタッフとしては不安と隣り合わせだったことが推察できる。わずか週に一度の限られた時間のなかでフリースペースというだんらんの場を作っていくために，スタッフが安心して子どもと向き合える体制を整えていくことが，「子ども・若者を応援するひとづくり・地域づくり推進事業」を受託する社会福祉協議会にとって重要な課題であったと言えるだろう。

2　行政との情報共有

　子どもたちの背後にある「日常の様子」をフリースペースの運営に携わるメンバーの間で共有するべく，社会福祉協議会がまず行ったのは市の福祉部局への働きかけである。先述したように，フリースペースの利用対象となる子どもに関する個別の情報を，彦根市の社会福祉協議会が有しているわけではない。フリースペースの立ち上げからしばらくの間は，「教育と福祉の連携ソーシャルワーカー」を委嘱されていた上村氏から必要な範囲で情報を得ることもできたが，それも期間が区切られた役職であった。そこで，要保護児童対策地域協議会など市の福祉部局で開かれる各種のケース会議にメンバーとして加えてもらえるよう，社会福祉協議会の側から依頼を出したのだという。フリースペースの趣旨・目的や運営体制について説明した結果，厳しい家庭環境にある子どもの支援に携わる機関の一つとして，ケース会議への参加が認められることとなった。

　ケース会議への参加とあわせて，社会福祉協議会はフリースペースの設置・運営にかかわる会議体を図6−2のように整理した。このうち「運営者会議」は，フリースペースを開設する社会福祉法人の職員，子どもとかかわるワーカーおよびボランティア，そして社会福祉協議会の担当職員が参加するもので，X市の事例（前章）で登場した「定例実務者会議」と位置づけは似ている。すなわち，子どもの成長と課題を確認し，それをフリースペースの運営に携わる全てのメンバーで共有するという目的のもと，社会福祉協議会が事務局となって定期的に開催してきた。運営者会議とケース会議の関係性について，森課長

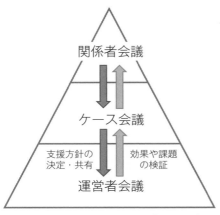

**図6-2　フリースペースの設置・運営に
　　かかわる会議体**

出典：彦根市社会福祉協議会提供の「フリースペース事
業」運営マニュアルより一部改変して抜粋

は次のように述べる。

　ボランティアさんに要対協の
ケース会議へ入ってもらうわけ
にもいかないので，ここは守秘
義務を持って社協の職員が入ら
せてもらって，そのなかから
エッセンスとしてフリースペー
ス事業に必要な部分だけを抜き
出してきて，またこの運営者会
議に伝える，と。逆に，運営者
会議のなかで「今，子どものこ
ういう変化が見えてきたよ」と
か「家庭の状況の話でこんな話
をしたよ」っていう情報を担当
職員が聞いて，それをケース会
議に上げると（いう流れです）。そうすると，学校の先生が学校の様子を情
報共有するのと同じように，フリースペースという居場所のなかで得たそ
の子に関しての情報を出すことで，親支援も含めた支援全体の材料にして
もらうということに（しています）。役割分担としてはそういう感覚でやら
してもらっているので，フリースペースだけで何かをやっているというよ
りも……（家族）全体の支援の中の子ども支援の部分をうちは担っていて，
それは結果的に子どもにはもちろん返すけれども，（家族）全体の支援にも
返していくんだという，その「つなぎの役割」が社協（の担っているものです）。

　社会福祉協議会は，子どもたちの背後にある「日常の様子」に関する情報を
ケース会議で収集し，それを必要な範囲で運営者会議に伝えるのはもちろんの
こと，フリースペースで得られた子どもやその家族に関する情報をケース会議
の中で関係機関と共有してきた。さらに現在では，（1）ケース会議でフリー
スペースにおける子どもの支援方針についても話し合い，そこで決定された内
容を運営者会議に伝える，（2）当該の方針に基づいてフリースペースでの支
援を実践し，運営者会議でその効果や課題を検証する，（3）効果や課題につ
いてはケース会議にも伝えることで，必要に応じて支援方針を見直してもらう，

というフローも作られている。ケース会議との間で必要かつ適切な情報共有が
図られるにつれて，わずか市内に2か所しかないフリースペースが「いろんな
困難を抱えている世帯の，子ども支援の資源の一つ」として市の福祉部局に認
識されるまでになり，現在では学校との間でも次のような関係が築かれている
と，森課長は指摘する。

> （登校を渋りがちな子のケースで，スタッフから気になる様子が見られるという声が上
> がった時には）こちらからちょっと学校の方に連絡を入れさせていただいて，
> どうしてもケース会議っていうのが頻繁に開かれないので，「最近，登校
> の様子どうですか？」というふうなことを直接，担任の先生なり教頭先生
> なりに情報を聞かせていただいて，「最近は頑張って来られてますよ」と
> か（教えてもらうことで），ケース会議とケース会議の間の情報を埋めにいっ
> ている感じですかね。関係をちゃんと作ってあるので，学校さんの方と。
> だから問い合わせをした時に「社協のフリースペース担当です」ってこと
> を言ったら「今，こういう感じでやっててくれているから大丈夫ですよ」
> と（教えてもらえる）。

　ケース会議に参加するようになると，当該児童が通う学校の教職員とも自然
と顔見知りになる。また，その子が週に一度はフリースペースを利用しており，
その運営を担っているのが社会福祉協議会であることを，学校側に知ってもら
える。その結果，社会福祉協議会からの問い合わせに対してもスムーズに回答
を貰えるようになり，スタッフが気づいた点や気になった点を随時学校に伝え
ることが可能となった。ケース会議への参加をきっかけとして，福祉部局から
教育部局へと情報共有のネットワークを拡張していったことが窺えよう。

3　持続可能な運営体制の構築

　ただ，厳しい家庭環境にある子どもを地域で包摂するための社会資源として
フリースペースを機能させるためには，まだ乗り越えなければならない課題が
ある。図6-2にある「関係者会議」は，フリースペースの運営に係る課題の
洗い出しとその解決に向けた方策を考えるべく，社会福祉協議会が子どもの貧
困対策にかかわる市の部局との間に設けた協議の場であった。たとえば，2018
年度に開催された関係者会議の次第を見ると，「今後に向けた課題」として次
のようなものが並んでいる。

　　ⅰ）「役割」や「機能」について（他の資源や居場所との役割分担や連携，つなぎ）

　　ⅱ）「参加児童の卒業」について（判断や基準，次の居場所へのつなぎ）

　　ⅲ）「新たな児童の受入れ」について（受入れの体制づくり，対象児童の選定やつなぎ）

　　ⅳ）運営にかかる「人員や財源の確保」について

　彦根市では，生活困窮者自立支援制度や母子家庭等対策総合支援事業，あるいは地域学校協働活動推進事業（地域未来塾）を活用することにより，子どもの学習・生活支援の場をフリースペースの他にも複数用意している。また，縁センターがフリースペースと同様に「子ども食堂」の設置を県内で推進してきたこともあり，彦根市内だけでその数は7か所に上る（2018年11月末時点[9]）。こうした多様な居場所が存在するなか，フリースペースが担うべき「役割」や「機能」とは何なのか，フリースペースからの「卒業」と「次の居場所へのつなぎ」をどのように実現していくのか，ⅰ）やⅱ）で検討を加えている。

　他方，ⅲ）はフリースペースの利用対象となる児童をどのように「選定」するのかという課題にかかわるものである。これまで彦根市内で立ち上げられた2か所のフリースペースはいずれも，2016〜2017年度に「教育と福祉の連携ソーシャルワーカー」を委嘱されていた上村氏がケースの選定にかかわっていた。すなわち彦根市のフリースペースは上村氏個人のネットワークを活用することでスタートしたわけだが，本来であれば利用者の選定は市の関係部局と連携しながら進めていく必要があるのではないかという認識を，社会福祉協議会の側は有していた。そこで，「市の中には要対協を扱っている子育て支援課もあれば自立支援の事業をやっている社会福祉課もあるので，そこは市の中でちゃんとそういう窓口を決めておいてもらうべきじゃないのかという話をさせていただいて，今後，新たなケースの選定については子育て支援課を中心に情報を共有する」（森課長）というコンセンサスを，関係者会議の場で得るに至ったという。市との間で利用者選定の公式化・組織化を実現できたことは，持続可能な運営体制の構築につながると言えよう。

　さらに注目したいのは，ⅳ）の「財源の確保」にかかわる課題である。第5章で述べたように，2014年に発足した縁センターは5年の活動期間の中で「制度のはざま」にある課題の解決に向けたモデル事業を展開していた。そのため，フリースペース事業についても2018年度末には一旦区切りを迎えることが予め

わかっており，2019年度以降も運営に必要な経費が確保できるかどうかは不透明な状況にあった。そこで社会福祉協議会は，彦根市が独自に実施する「子どもの居場所づくりモデル事業」の一つにフリースペースを位置づけることで活動に要する経費を助成してもらえるよう，市の担当課との折衝に乗り出す。はじめは，フリースペースで受け入れ可能な子どもの数が限られている点など「居場所づくり」の枠組で助成を行うのが本当に適切なのかについてやや議論が必要だったものの，最終的には，「その場所があることで今まで家の中でずっと閉じこもっていた子が（外に）出てきて，いろんな愛情を受けて，その子自身がまた地域の別の居場所につながって」（森課長）いくことの重要性について，関係者の間で理解が得られたという。これもあくまで彦根市独自の「モデル事業」であるため助成が受けられる期間は限られているのだが，フリースペースの運営に必要な経費を確保できたことの意義は大きい。

4　"官"による下支え

彦根市の事例からまず確認したいのは，"民"の力だけで「地域におけるケアの実践」を成り立たせることの難しさである。市から「子ども・若者を応援するひとづくり・地域づくり推進事業」を受託した社会福祉協議会といえども，フリースペースの運営を持続可能なものとするためには，大きく二つの壁を乗り越えなければならなかった。一つは，社会福祉協議会だけで入手可能な情報には限りがあるという問題である。彦根市の社会福祉協議会の場合，これまで子どもの福祉にかかわる事業を手がけてはおらず，要保護児童対策地域協議会の構成メンバーではなかった。ゆえに，フリースペースを利用すべき子どもがどこにいるのか，そして彼（女）らが家庭や学校でどのような生活を送っているのか，その情報にアクセスする術を有していなかった。もう一つは，財政的な基盤の脆弱さである。ここには，縁センターのモデル事業が終了してからの財源確保にかかわる上述の課題のみならず，開設されるフリースペースの数が増えれば増えるほどそれだけ経費はかさむという課題も含まれる。厳しい家庭環境にある子どもを地域の中で包摂していくための拠点としてフリースペースを位置づけるのならば，ニーズに見合った数を整備できるだけの財政的な基盤が必要となるわけだが，"民"の力だけでそれが準備できるとは限らない。

こうした壁を乗り越えるうえで重要な意味を持ったのが，2017年に策定された「子どもの貧困対策計画」の存在であろう。たとえば，同計画の中で貧困対

策にかかわる関係機関の一つに社会福祉協議会が位置づけられたことは，より良い養育支援のあり方を共に模索するため，行政の福祉や教育の部局が子どもにかかわる秘匿性の高い情報を“民”と必要な範囲で共有することを可能にした。また，フリースペースの数を増やすという方針が子どもの貧困対策の一つとして掲げられたことは，その運営に必要な経費を行政が助成するための根拠となりうる。やや見方を変えれば，「地域におけるケアの実践」を展開するなかで“民”だけではアクセスできない情報や準備できない資源が出てきた時，それを適切に下支えすることが“官”の果たすべき役割や責任であるという点を，「子どもの貧困対策計画」が予め明確にしていたと言えるのかもしれない。

　もちろん，官民が連携して子どもの貧困対策に取り組めたのには，市行政からの出向で社会福祉協議会に勤務していた森課長の存在が大きいことも確かだろう。職員同士の個人的なつながりがあったり，行政の政策決定や政策遂行のプロセスを知っていたりすることは，社会福祉協議会が ① 入手可能な情報の限定性や ② 財政的な基盤の脆弱さといった壁を乗り越えるうえでプラスに働くことはあっても，マイナスに作用することはない。では，こうした官と民の間を橋渡しするキーパーソンがいなければ，「地域におけるケアの実践」を持続可能なものとすることは難しいのだろうか。引き続き高島市の事例を見ることにしたい。

第3節　高島市におけるフリースペースの展開

1　開設までの経緯

　高島市は，県内市町の中でもフリースペースの設置を積極的に進めてきた自治体の一つである。2016年に「特別養護老人ホームふじの里なごみの家」が市内ではじめてフリースペースを開設して以降，社会福祉法人（市社会福祉協議会を含む）の施設を活用しながら順次その数を増やしてきた。縁センターの事業枠組を利用して運営されるフリースペースは2019年4月時点で市内4か所に上り，その数は大津市と並んで県内で最も多い。さらに高島市では，NPO法人をはじめとした民間事業所が運営に協力するフリースペースも2か所で開設されている（後述）。

　高島市でフリースペースの開設が進んだ背景を考えるうえでまず注目したいのが，「つながり応援センターよろず」の存在である（表6-1を参照）。生活困

表 6 - 1 　フリースペースの開設に係る国・県・高島市の動向

年度	国および県の動向	高島市での動き
2013	・生活困窮者自立支援法の成立	・生活困窮・社会的孤立への対策検討委員会（事務局：高島市社会福祉協議会）での協議
2014	・滋賀の縁創造実践センターの発足	・生活困窮者支援に関する方策検討会議（事務局：高島市・高島市社会福祉協議会）での協議
2015		・「つながり応援センターよろず」の発足 ・「つながり応援センターよろず運営委員会」の中に「子どもの貧困対策部会」を設置
2016		・社会福祉法人 2 か所，民間事業所 1 か所でフリースペースを開設 ・生活困窮者自立支援制度に基づく「子どもの生活・学習支援事業」の活用と「子どものあしたコーディネーター」の配置
2017		・フリースペースが市内 6 か所にまで拡大し，計26名（小学生12名，中学生10名，高校生 4 名）が利用
2018	・滋賀の縁創造実践センターの解散	・利用家族の転居等により 2 か所のフリースペースが休止 ・新たに 2 か所でフリースペースが開設
2019	・県社会福祉協議会が理念と実践を継承	・母子家庭等対策総合支援事業の「子どもの生活・学習支援事業」の活用開始

出典：筆者作成

窮者自立支援法が成立した2013年，高島市では市社会福祉協議会を事務局として「生活困窮・社会的孤立への対策検討委員会」が立ち上がり，個別ケースの検討や実態の把握，あるべき支援体制の模索が進められた。2014年には市健康福祉部社会福祉課（生活保護に関する事務などを所管）と市社会福祉協議会地域福祉課による共同事務局体制のもと「生活困窮者支援に関する方策検討会議」で引き続き議論が重ねられ，2015年度から正式に生活困窮者自立支援制度に基づく自立相談支援機関として「つながり応援センターよろず」が発足することとなる。 2 年に渡る議論から生活困窮者への支援は一機関・一部局が抱え込むのではなくチームで行うことが必要であるという結論に至ったため， 1 ）「つながり応援センターよろず」は行政と社会福祉協議会による共同設置とし，その業務は双方の職員が担当する， 2 ）市役所内での課題の共有化と活用可能な事業の洗い出しを行うべく，部局を横断した「庁内連携会議」を設置する， 3 ）関係機関それぞれの支援から見えてくる課題の共有とその課題を解決できるような地域づくりに向けて，「つながり応援センターよろず運営委員会」を設置し，市内の NPO 法人や社会福祉法人にも協議へ参画してもらう，といった工

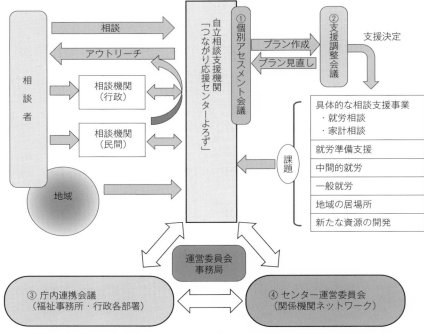

図6-3　「つながり応援センターよろず」による支援の流れと関係する会議体

出典：2015年3月発行「高島市　生活困窮者自立支援の手引き」23頁より

夫が施された（図6-3）。

　フリースペースの設置や展開に向けた議論を具体化させていったのは，「つ
ながり応援センターよろず運営委員会」のもとに新たに設置された「子どもの
貧困対策部会」である。当時の状況について，社会福祉協議会の松本課長は次
のように述べる。

　　もともと高島の社協っていうのは……子育て関連の事業というのはほとん
　どこれまで取り組んでこなかったんですよね。そういうところもあって
　……子どもの貧困を考えていくというのにあたっては，まずその部会を立
　ち上げさしていただいて，そこに現にかかわっていらっしゃる皆さんにま
　ずは入っていただいて，今，高島で起こっている問題であったりとか，皆
　さんの目から見えている「困窮する家庭像」というのはどういうものがあ

るんだろうかっていうことの課題出しから実はスタートしたというところ
ですね。

　彦根市のケースと同じく高島市の社会福祉協議会も「子育て関連の事業」に
取り組んだことはなく，要保護児童対策地域協議会など市の福祉部局が開く
ケース会議のメンバーには当然入っていなかった。すなわち，困窮する家庭が
どのような状態に置かれていて，子どもたちは何を必要としているのか，社会
福祉協議会としては，ほとんど具体的な情報を有していなかったと言える。
よって，「子どもの貧困対策」を講じるうえでまずはその「課題」を明らかに
するところからスタートする必要があると考え，部会の設置にあたっては，福
祉部局の職員や教育委員会の指導主事をはじめ，市内の保育園の園長や学童保
育所等を運営するNPO法人の代表など，幅広いメンバーに参加を呼びかけた。
その結果，「子どもの貧困対策部会」は2015年度だけで計5回開かれ，生活困
窮の状態にある子どもを対象とする居場所づくりに向けて，1）小学校13校，
中学校6校をカバーできるよう市域全体への広がりを意識すること，2）学習
支援のみならず生活支援まで提供できるよう小規模多機能型の居場所とするこ
と，3）行政や社会福祉協議会だけでなく多様な主体が参加することなど，関
係機関がおさえるべきポイントを整理した。さらに，縁センターからの打診を
受けて「特別養護老人ホームふじの里なごみの家」でのフリースペース開設が
検討段階に入ると，その具体的な運営方法についても協議を行った。

2　共同設置の意義

　このように高島市では，フリースペースの設置が検討される段階から，官／
民，教育／福祉の枠をこえた協議が行われていた。ただ，1）小学校13校，中
学校6校をカバーできるよう市域全体への広がりを意識するという方針を実現
しようとすれば，先の彦根市のケースで見られたような，①入手可能な情報
の限定性や②財政的な基盤の脆弱さといった壁に向き合わねばならない。で
は，フリースペースの運営を持続可能なものとするべく，高島市ではどのよう
な工夫が施されてきたのだろうか。

　「特別養護老人ホームふじの里なごみの家」を皮切りに高島市では2016年度
に三つのフリースペースが開設されているが，同じくこの年から社会福祉協議
会に配置されることになったのが「子どものあしたコーディネーター」である。

「子どものあしたコーディネーター」は，週に１日だけでも「夜の居場所」で
だんらんの時間を過ごすことが望ましいと考えられる子どものために，フリー
スペースの開設と運営に必要な環境を整えるべく，次のような役割を担っている。

　　ⅰ．フリースペースの利用が望ましいと考えられる子どもを選定し，保護
　　　　者の同意を得る。
　　ⅱ．フリースペースにおける子どもの支援プランを保護者とともに作成・
　　　　評価する。
　　ⅲ．フリースペースの開設に向けて，施設側との調整やボランティアの募
　　　　集・登録を行う。
　　ⅳ．子どもとかかわるワーカーやボランティアを交えて，実施施設ごとに
　　　　「運営会議」を開催する。
　　ⅴ．各実施施設で活動する子どもとかかわるワーカーや施設の管理者，行
　　　　政の関係部局が一同に会し居場所の運営について協議する「事業運営
　　　　会議」を開催する。
　　ⅵ．フリースペースの利用が望ましいと考えられる子どもの選定や現在利
　　　　用している子どもおよびその世帯の状況の共有を目的として「支援検
　　　　討会議」を開催する。
　　ⅶ．学校・教育委員会との間で利用者についての情報を共有したり，当該
　　　　ケースに係る関係機関の会議に参加したりする。
　　ⅷ．子どもの居場所に関する情報交換会や研修会を開催する。[12]

　ⅰ〜ⅶの役割には，フリースペースを利用する子どもにかかわる情報のハブ
として，コーディネーターが位置づく様子を見て取ることができよう。まずⅰ
やⅱは，フリースペースの利用開始前・開始後の手続きであるのと同時に，
コーディネーターが保護者とコミュニケーションを図るための機会となってい
る。すなわち，子どもの支援プランを作成するプロセスは保護者との関係づく
りの期間であり，子どもの様子をもとに適宜プランを見直すことは保護者の養
育支援へとつながっている。続いて，フリースペースの運営に係る実務にあた
るのがⅲやⅳで，施設やスタッフとの関係を築きながら子どもたちの「夜の居
場所」での過ごし方について情報を収集する。そして，ⅰ〜ⅳで得られた情報
を関係者・関係機関と必要な範囲で共有するべく，ⅴ．事業運営会議やⅵ．支
援検討会議を開催したり，ⅶ．ケース会議に参加したりする。フリースペース

の利用が望ましいと考えられる子どもの選定にもかかわる支援検討会議の開催
について，松本課長は次のように述べる。

> （社会福祉協議会が）たとえば困窮事業を受託して完全な一本で受けたとし
> て，こういうもの（筆者註：支援検討会議）を作っていこうとしても，おそ
> らくこういったところの巻き込みをしていこうと思うと，すごい壁がある
> んですね，民間側から。……やはりそこは大きかったのは行政との共同事
> 務局という（こと）。なので，半分は行政的な取り組みなんやというところ
> が最初にあるので，比較的こういったところに協力・参加いただくところ
> のハードルが低いっていうとこですよね。これ，社協だけでやろうと思う
> と，多分とてもとても作れないというところですよね。

　先にも述べたように高島市では，生活困窮者自立支援制度に基づく自立相談
支援機関「つながり応援センターよろず」を，行政と社会福祉協議会の共同で
設置している。実際に，市健康福祉部社会福祉課（生活困窮者自立支援事業を所
管）の山村氏が社会福祉協議会のオフィスで週に2日執務するなど，両者が一
体となって「よろず」の事務局を務めてきた。そのため，フリースペースの設
置・運営に関しても「半分は行政的な取り組み」であると捉えてもらいやすく，
支援検討会議への参加についても「壁」を感じることなく要請することができ
たと，松本氏は振り返る。現在では，「子ども家庭相談課と学校から」紹介の
あったケースが利用者の「ほとんど」を占めるまでになり（山村氏），厳しい家
庭環境にある子どもを地域で包摂していくための資源の一つとして関係機関に
認知されるまでになった。また逆に，コーディネーターを務める是永氏が市内
の小・中学校を訪れる際には，「ちょっとこの（フリースペースを利用している）
子のこういうところ気になるから，先生，一緒に考えてもらえへんやろか？」
と声をかけ，学校側にもその子の成長や課題に少しでも気づいてもらえるよう
配慮を加えているという。かつては学校での福祉体験学習の実施くらいしか子
どもにかかわる事業を手がけていなかった社会福祉協議会が，行政との間で双
方向の情報のやりとりを展開している様子が見て取れよう。
　行政と社会福祉協議会による共同事務局体制は，フリースペースの運営に必
要な資金の調達にも一役買っている。高島市においても社会福祉法人の施設を
活用するフリースペースについては縁センターのモデル事業の枠組を使ってそ
の経費を賄っていたが，このモデル事業はコーディネーターを雇用するための

人件費までを補助するものではなかった。そこで，フリースペースが開設される2016年度から，高島市は生活困窮者自立支援制度に基づく「子どもの生活・学習支援事業」を新たにスタートさせ，その費用を捻出した。さらに，縁センターのモデル事業が2018年度で一つの区切りを迎え，これまでのように経費の補助を受けることが難しくなることを見越し，2019年度からは母子家庭等対策総合支援事業の活用もはじめている。資金調達にあたって行政が積極的に関連施策を活用することにより，フリースペースの量を拡大させつつ持続可能な運営体制を構築することが可能になっていると言えるだろう。

3　民間事業者の活用

　加えて，高島市の事例で注目したいのが，社会福祉法人だけでなく民間事業者が運営に協力するフリースペースを開設してきた点である。第3章の冒頭でも述べたように，もともと縁センターのモデル事業として「夜の居場所」の必要性が検討されるなかでは，しんどさやさびしさを抱える子が週に1日だけでもだんらんの時間を過ごすことができるよう，温かい食事を提供したり浴室を利用したりすることが可能な高齢者福祉施設や障害者支援施設の活用が想定されていた。他方で高島市においては，生活困窮の状態にある子どもを対象とする居場所を市域全体に広げることを念頭に，フリースペースの設置に向けた検討の段階から，教育委員会やNPO法人の施設，個人宅や地区集会所の活用がイメージされてきた（図6-4）。その結果2016年度には早速，「子どもの貧困対策部会」での議論にも加わっていたNPO法人からフリースペースの運営に協力を得ることとなる。こうした民間事業者の活用と行政の側の役割について，松本氏は次のように述べる。

　　高島の社協の強みであった民間のネットワークでいろいろと生み出していくというところと……公的な機関が持ってる強みみたいなものを生かしてやっていこうということで進めてきたというところですね。……要は民間の社協の方が少しこの事業を先取りしながら，必要なものを一緒に考えて作っていくということをする中で，当然，共同事務局で進めていますので，行政の方の理解も同時に深まっていって，そのなかで財源論みたいなことが出てきた時には行政の方も柔軟に動いて，財源の確保っていうのをこれまで図ってきていただいてる，というような（流れです）。

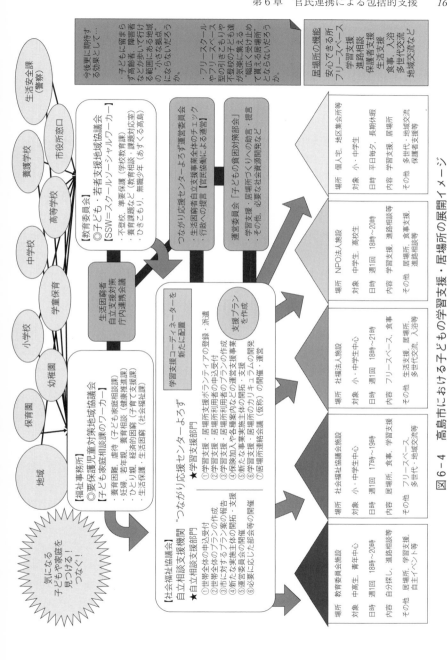

図6-4　高島市における子どもの学習支援・居場所の展開イメージ

出典：「平成27年度つながり応援センターよろず生活困窮者自立支援事業年次レポート」38頁より一部抜粋

　高島市に限らず県内のフリースペースは１〜２家庭のきょうだいに対象を絞って運営されるものがほとんどで，厳しい家庭環境にある子どもの中から予め設定された基準だけをもとに利用者を選定するわけではない。やや極端に表現すれば，しんどさやさびしさを抱える目の前の子にとりあえず「夜の居場所」を提供しようとする福祉関係者の熱意からスタートしたのがフリースペースであり，公平性よりも即応性に重きを置いてきたと言えるだろう。そのため，「必要なものを一緒に考えて作っていく」パートナーは民間事業者であっても問題はなく，"民"が「先取り」したものに対して"官"が財政的な裏づけを与えるという関係性を，松本氏は肯定的に捉えている。そして実際に，民間事業者が運営に協力するフリースペースについては縁センターのモデル事業の枠外となることから，生活困窮者自立支援制度に基づく「子どもの生活・学習支援事業」の一つに位置づけることで必要な経費を工面してきた。「夜の居場所」を必要とする子どもの数に見合ったフリースペースを整備するべく，まさに官／民の枠をこえた多様な主体の参加を促してきたと言えるだろう。

第４節　官民連携のあり方

　本章では，「地域におけるケアの実践」を支える官民連携のあり方について示唆を得るべく，彦根市と高島市の取り組みを分析してきた。ここまで見てきたように，フリースペースの運営を持続可能なものとするためには，"官"が保有する秘匿性の高い情報を必要な範囲で"民"と共有したり，財政的な基盤の脆弱な"民"の活動に"官"が助成を行ったりすることが必要となる。「子どもの貧困対策計画」の中でフリースペースの整備が謳われていたことや「生活困窮者自立支援制度」の枠組を使ってフリースペースが運営されていることは，情報の共有や公費の助成に確たる根拠を与えていた。これらは，「地域におけるケアの実践」をフォーマルな計画・制度に位置づけることの重要性と"官"が果たすべき役割や責任の所在を表している。

　ただ，そもそもは"民"が主導する取り組みだからこそフリースペースという実践が可能になった面があることも見逃してはならないだろう。もし"官"が直接フリースペースの設置に乗り出そうとすると，現状とは異なり，利用者の選定などに一定の公平性を担保するよう求められる可能性がある。だが，たとえば生活保護を受給する世帯の子どもを利用者として想定した場合，いきな

りその全てを受け入れるだけのフリースペースを準備することはおそらく難しい。となると，生活保護を受給する世帯の中から利用者を絞り込むということになるわけだが，どのような基準を設定する（誰の利用をいつまで認める）のが望ましいのだろうか。養育環境の深刻な家庭から優先的に選ぶというのが最も「公平」なのかもしれないが，複合的困難を抱えた子どもに向き合った経験の少ない地域のボランティアがそのニーズに応答するというのは現実的でなく，フリースペースの運営そのものを困難にする危険性すら考えられる。ボランティアの経験や力量にあわせて利用者を選定し，持続可能な運営体制を構築するうえで，“民”が主導する取り組みであることの意義は大きい。

　では，このように官／民がそれぞれの強みを活かしあうネットワークを創出するために何が重要となるのか。まず注目したいのが，窓口となる職員・機関同士の連携を深めるための工夫である。「地域におけるケアの実践」をフォーマルな計画・制度に位置づける時など，官／民を橋渡しできるキーパーソンが存在することは確かに心強い。しかし，たとえそうした条件に恵まれなかったとしても，官／民それぞれの窓口が明確となり，両者が責任を持って「地域におけるケアの実践」を運営していけるのであれば特段の問題はない。たとえば高島市で行われていたような市福祉部局の担当職員が社会福祉協議会のオフィスで執務するという体制は，“民”だけではアクセスできない情報や準備できない資源の問題を“官”が把握し，その解決に向けたアクションを起こす一助になっている。「同一・近接空間で職員が相互に接触する機会を増やす」というのは切れ目のない連携が必要とされる行政分野で実際に使われている工夫の一つであり（伊藤 2019：217），「地域におけるケアの実践」を官／民で共に進めていく際にも有効だと言えるだろう。

　もう一つ重要となるのが，窓口となる職員・機関を起点としたネットワークの拡張である。両市の事例に共通して見られた特徴として，フリースペース運営の中核を担う社会福祉協議会が，市の福祉部局はもちろんのこと学校・教育委員会とも連絡を取り合うまでになったことが挙げられる。これは，社会福祉協議会の担当者が要対協をはじめとするケース会議に出席したり（彦根市），「事業運営会議」や「支援検討会議」を開催したり（高島市）するなかで，フリースペースを利用する子どもやその家族にかかわる職員・機関が信頼関係を築いていったからではないだろうか。高島市を例にとれば，① 自立相談支援機関「つながり応援センターよろず」の共同事務局として市健康福祉部社会福

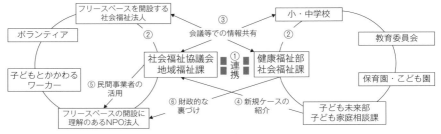

図6-5 窓口となる職員・機関を起点としたネットワークの拡張

注：関係者・関係機関を全て記載できているわけではない
出典：筆者作成

祉課と市社会福祉協議会地域福祉課が連携し，②生活困窮者支援に係る"官"の窓口を社会福祉課が，"民"の窓口を社会福祉協議会が務めるなかで，③「事業運営会議」や「支援検討会議」に官／民や教育／福祉の枠をこえて関係者・関係機関が集うようになり，双方向の情報のやりとりが可能となった（図6-5）。民間事業者を活用したフリースペースの整備が行政による財政的な裏づけを伴う形で進められているのは（同④～⑥），「地域におけるケアの実践」を質・量ともに充実させるためのネットワークが市内で張り巡らされてきたことの証左とも言えるだろう。

[付記] 本章の内容の一部は，日本学習社会学会第16回大会課題研究「多様化する子どもの生活背景に応じた学習」（2019年9月15日，於：日本大学文理学部）において，筆者が「マイノリティの子どもへの支援にかかわる多職種・多機関連携」というタイトルで報告したものである。また，JSPS科研費18K13074の助成を受けた研究の成果を含んでいる。

注
1）谷口氏に対して2019年8月19日に行ったヒアリングより。
2）彦根市においては，同市社会福祉協議会地域福祉課の森恵生課長にヒアリングを行った（2019年8月1日実施）。また，「教育と福祉の連携ソーシャルワーカー」（後述）として彦根市にもかかわっていた上村文子氏から，適宜細かな情報を提供してもらった。高島市においては，同市健康福祉部社会福祉課の山村栄治郎主任，同市社会福祉協議会相談支援課の松本道也課長，子どものあしたコーディネーターを務める是永麻記子氏にヒアリングを行った（2019年4月15日実施）。併せて，県社会福祉協議会の谷口氏をふくめヒアリングにご協力いただいた全ての方々から，フリースペース事業に関係

する資料の提供を受けている。記して感謝申し上げたい。

3）第5章でも触れられているように，上村氏は県内で長くスクール・ソーシャル・ワーカーを務めている。当時，縁センターのモデル事業として展開されていたフリースペースの設置をさらに推し進めようと，県社会福祉協議会は上村氏に「教育と福祉の連携ソーシャルワーカー」を委嘱した。

4）以下，引用文中には「社協」や「要対協」といった言葉が登場する。それぞれ「社会福祉協議会」と「要保護児童対策地域協議会」の略称である。また，引用文中の（　）は筆者による補足を，「……」は省略を意味する。

5）ボランティアに関する情報提供や活動先の紹介というのは社会福祉協議会がかねてより行っている業務の一つであり，その点では自組織の特性を活かすかかわりであったとも言える。2017年5月に市内2か所目のフリースペースが開設される際には，「地域の中でこういった子ども支援にかかわっておられる方（の中）で，（フリースペースを開設するのが）夜の時間帯ですので，その時間帯に身体をあけられる人はいないだろうかということで，（社会福祉協議会が）個別に当たっていった」（森課長）のだという。

6）「彦根市子どもの貧困対策計画」37-38頁より抜粋した。

7）「彦根市子どもの貧困対策計画」50頁より。

8）引用文中の下線は，原文に残されているものをそのまま載せている。但し，この下線を付したのがコメントを書いた本人であるのか，それを読んだ社会福祉協議会の職員であるのか，判別することはできなかった。

9）彦根市社会福祉協議会のホームページ http://www.hikone-shakyo.or.jp/children/index4.php（最終アクセス日：2019年9月24日）より。

10）なお，縁センターのモデル事業として開設されたフリースペースに対し，県社会福祉協議会は2019年度，年で10万円の補助を出している。

11）高島市／社会福祉法人高島市社会福祉協議会発行の「平成27年度つながり応援センターよろず生活困窮者自立支援事業年次レポート」（2016年3月刊行）36-37，61頁より。

12）一例として，養育環境に課題がある子どもやその保護者の支援に関する協議および子どもの居場所や体験機会の創出に関する情報の共有を目的に，「子どもの貧困対策情報交換会」を開催するのも，コーディネーターの役割となっている。フリースペースの関係者はもちろんのこと，園・学校や学童保育の職員，地域学校協働本部のコーディネーター，市内でこども食堂を運営する人々などが集うもので，「子どもの貧困」に対する理解を広げる意味を有している。

文献

伊藤正次（2019）「多機関連携研究のさらなる展開に向けて」伊藤正次編『多機関連携の行政学——事例研究によるアプローチ』有斐閣，213-221頁。

（武 井 哲 郎）

終　章　包括的支援の実現に向けて

第1節　制度と現実のずれを埋めるための支援
——内なる声の尊重——

　本書では，複合的困難を抱える子どもに対する包括的支援の方向性を探るべ
く，学校（第3章）・公教育施設（第4章）・地域（第5章）・行政および社会福祉
協議会（第6章）の実践を検討してきた。そこでまずは，第2章で指摘した
「制度と現実のずれ」を埋める支援のあり方について，各事例から共通して得
られた知見を整理する。

　第一に，支援者が，子どもの声に耳を傾け，まずはその状況に寄り添おうと
していたところである。これは，第2章で述べたものを追認するものとなるが，
その中でも特に，子どもの内なる声に耳を傾けるために，子どもの行動や態度
に目を向け，子どもが援助要求を出さなくても，援助要求を受け取ろうとして
いたところに特長がある。そのために，支援者たちは，子どもと何気ない話を
する時間を大切にし，子どもが「話をしてもいいし，聞いてもらえる」と思え
る関係性を作ろうとしていた。それは，子どもが自分の存在を承認される時間
であり，自身を認めてもらえる関係性であったと思われる。最初は，何も話せ
ない子どもであっても，何を話してもいい他者がいることで，子どもは声を出
せるようになりつつあった。そして，子どもが声を出せるようになると，子ど
もの主体的行為が見られるようになっていった。登校であったり，学習への参
加であったり，友達との関係づくりであったり，生活への意欲であったり，そ
れは子どもによって異なるものの，自ら何かに向けて動こうとする力が湧き出
ているようであった。つまり，「内なる声」の重視は，第1章で述べた，子ど
もの「主体化」を促す支援の方策として捉えられる。

　リスター（2004＝2011：22）は，経済的要因による物質的欠如とそれによる関
係的・象徴的側面の欠如によって引き起こされる不利について，シチズンシッ
プの縮小や声を欠くこと，無力などから説明していた。そして，「貧困状態に

ある人々自身は〈声〉の欠如を，自分たちの状況を理解するうえで決定的に重要だと認識している。…（略）…政策立案やキャンペーン運動において，周縁化された者の声を聴けという要求は高まりつつある」（リスター 2004＝2011：241）と指摘し，かれらの〈声〉が聞かれる必要性を提起していた。また，そうした〈声〉は，かれらの主体的行為を引き起こし，社会に参加することを可能とさせるものであると述べていた。その通り，各事例で示されたのは，子どもたちが〈声〉を出し始めると，学習や社会に自らかかわろうとし始めるという，〈声〉と主体的行為の関連であり，かれらの〈声〉が聞かれる重要性であったと言える。繰り返しになるが，そうした〈声〉は，子どもの表情や言動，あるいは何気ない仕草からでも発されるものとして，受け取られているようであった。

　第二に，その際に，いずれの支援者も気を付けていたのが，子どもの抱える困難を子どもの背景から固定的に捉えたり，かれらの困り感を一定の枠にはめたりしないという点である。もちろん，支援者が経済的困窮の程度や外国へのルーツの有無等の子どもの背景を踏まえつつ，そこから生じる困難を理解しようとする姿勢は基本的に重要ではある。けれども，それぞれ異なる文脈を有する子どもの背景をそうした基準に基づいて固定的に捉えてしまうと，子どもが困っていないことを困っていると判断してしまったり，子どもが困っていることに気づけなかったりするからである。このことは，支援者側の一方的な考えや思いを押し付けないためにも重要である。古荘（2009：226）は，何かしらの困難を抱えている子どもが相談した際に，「一方的な意見を聞かされ何の解決にもつながらなかったと感じると，さらにつらい思いをし，無力感を抱えてしま」うと述べている。これは，子どもが声を出したとしても，支援者の対応が，その後の分岐を生んでしまうことを示唆したものである。また，第2章で述べたお仕着せの包摂の問題にもつながるものである。そのために，困難を抱える人々を，独自の見解と声をもった者として扱うことが重要であるとされる（Room 2000）。したがって，複合的困難を抱える子どもそれぞれの困り感に目を向けようとする支援者たちの姿勢は，支援を通じての抑圧を克服するものとして定位することができるであろう。

　第三に，支援者は，子どもの声に加え，保護者の声も尊重していた点である。その際に，齋藤（2000：9）の述べる「言説の資源」に対応していたように思われる。齋藤は，公共へのアクセスのためには，当面のコンテクストに相応し

いとされる言葉の使用や語り方，声のトーンをもって，公共の場に相応しい
テーマを語らなければならないといった暗黙の規範的要求があると述べ，こう
した目に見えない資源の欠如が公共からの排除を引き起こすと指摘する。支援
者たちは，保護者に対して価値の押し付けや規範の提示を行うわけではなく，
子どもの人権や学習権保障を見据えて，柔軟な対応をとろうと努力していた。
その中で，保護者の声に耳を傾け，保護者がどのような内容でもどのような語
り口でも語ることのできる場づくりを心掛けていたと言える。保護者は，支援
者との関係性が構築されるにつれて，生活に向けての意欲や子育てへの主体的
かかわりを持つようになっていった。

　保護者と子どもの声の表出や主体的行為の促進にとって重要なのは，こうし
た支援者の他者の人権や尊厳を尊重する姿勢であり，自らの権威性を自覚しな
がら，かれらの問題解決に共同して臨むパートナー（山下 2003）であろうとす
る立ち位置であるように思われる。次項での議論とも重なるが，幸重（2019）
は，子どもと関わる教育や福祉の専門家によって作られる行政主導の居場所に
は教育的，支援的な空気が漂っていることが多く，貧困問題を抱えた子どもや
親子にとって参加しにくい場になっていると指摘する。しかしながら本書が取
り上げた事例では，専門家のケアを通じて社会に参加する力と意欲を育む親子
の姿が見られた。おそらく幸重の指摘する問題が起こるのは，「行政主導」と
いう形式や「専門家」の肩書に直接の原因があるのではなく，行政を含めた支
援者側のかかわり方に端を発するものなのだろう。マイノリティを管理統制す
る主体が行政組織や専門家に限られるものではない以上（第2章参照），ケアと
いう子どもの「生」全体に寄り添おうとする支援のあり方そのものが問われて
いるのである。

第2節　連携・協働の意義と留意点

　続いて，複合的困難を抱える子どもに対する包括的支援とは，学校と地域が
相互の実践を補完しあいながら行うべきものであるという点を確認しておきた
い。なぜならば，貧困家庭の子どもが経験する物質的・文化的・関係的剥奪と
いう課題（第2章）や外国にルーツをもつ子どもが直面する言語・適応・学力・
アイデンティティ・生活環境の課題（第4章）が示すように，どこか一つの機
関が支援を担えばよいというほど問題は単純でないからだ。複合的に折り重

なった困難を解きほぐすことは社会の責務と言えるが，それは学校だけが主体となるものでも，地域だけが主体となるものでもない。包括的支援を実現するためには，第3章で見られたような学校を核としたケアの実践と，第5章で見られたような地域を核としたケアの実践が並行して進められねばならない。

　ここで強調したいのが，支援の複数性を担保することの重要性である。たとえば第5章で取り上げた滋賀県のフリースペース事業というのは，厳しい家庭環境で育つ子どもたちが安全・安心に過ごせる居場所を得られるという点で大きな意義を持つ。しかしながら，大人がマンツーマンで子どもに寄り添うことを原則とする実践である以上，利用できる子どもの数は限られてしまうのが現実であろう。よって，フリースペースとは異なる居場所を地域の中に整備していくことは引き続き重要な課題として残されており，実際に，第6章で取り上げた彦根市や高島市では「こども食堂」の設置・運営も並行して進められている。

　そもそも，大人の側がいくら善意で居場所を開設したとしても，利用者である子どもがそこを気に入るかどうかはわからない。西野（2006：171）が指摘するように，「あなたのために援助してあげよう」という「援助臭」を漂わせて近づいてくる大人を子どもの側が忌避することも当然あるだろう。大事なのはどの居場所を利用するかの選択肢が子どもの側に準備されていることであり，たとえばマンツーマンで大人を独占できる環境より異年齢集団でにぎやかに過ごすことを望む子には，フリースペースではなくこども食堂を利用してもらうことが必要となる。理想を言えば，学校においても地域においてもどれか一つの支援が展開されているだけでは不十分であり，複合的困難を抱える子どもがいくつもの支援を同時並行で利用できる環境を整備していかねばならない。公的セクターにはそれをヒト・モノ・カネの面で下支えするという代替不可能な役割がある。

　加えて強調したいのが，学校教育と地域福祉の連携において双方の独自性を活かすことの重要性である。「子どもの貧困」に対する社会的関心の広がりを背景として，教育／福祉の枠をこえたネットワークの構築がこの間急速に進められてきた。それは，子どもを取り巻く福祉的な課題に対する教職員の感度を高めるという点で一定の意義を有していたとは思われるものの，同時に，福祉の課題を教育という手段で解決していこうとする動きを生み出した。生活困窮世帯の子どもを対象とする学習支援はその代表的な事例と言えるものだが，貧

困の連鎖を断つという目的のもと子どもを「投資」の対象とみなす傾向が強い点など，福祉政策としては危うい面を併せ持つことが指摘されている（佐々木・鳥山編著 2019など）。確かに，地域に作られた居場所にまで学校の価値や規範が及ぶことになれば，学校に馴染むことのできずにいる子どもたちが地域からも排除されてしまう危険性がある（武井 2019）。

　とはいえ，学校だけあるいは地域だけで包括的支援を実現させるというのも，現状ではやはり無理がある。そこで必要となるのが，複合的困難を抱える子どもに対して両者があえて異なる手法でアプローチすることだろう。再び滋賀県のフリースペースを例にとれば，それを安易に学習支援のための実践として位置づけるのではなく，あくまで子どもが安心して過ごせる「夜の居場所」として機能させることに意義がある。フリースペースで実践していることを教職員に知ってもらうことは有効だとしても，学校教育と地域福祉にはそれぞれ担うべき役割というものがあることを前提に，画一的な支援とならない範囲で連携を図ることが重要だ。その点，教育行政の枠内に位置づく組織でありながら，外国にルーツを持つ子どもに地域で居場所を提供する団体やこども食堂・フードバンクを運営する団体ともつながりを作ってきた大阪市の多文化共生教育相談ルームの実践（第4章）は，参照すべき事例と言えるだろう。

第3節　地域・学校・行政の挑戦のために

　最後に，複合的困難を抱える子どもに対する包括的支援を実現するためのポイントを抽出し，本書のまとめに代えたい。まず指摘すべきは，支援者たちが，葛藤や不安やわからなさを抱え，失敗したりつまずいたりしながら，支援を模索し続けることの重要性である。安部（2010）は，支援における「ゆらぎ」は，「動揺，葛藤，不安，わからなさ」などの危機的状態と同時に「変化・成長・再生」の契機として捉えられ，援助者に「ゆらぎ」が必要であると指摘する。しかし，頻繁な「ゆらぎ」に支援者が一人で耐えるのは厳しいだろう。特に，複雑な背景を有する複合的困難を抱える子どもへの支援の場合，支援者側の「ゆらぎ」をなくすことは難しい。であるならば，動揺や葛藤を伴う支援者側の「ゆらぎ」を変化や成長の契機へと転換させるシステムを構築することが，包括的支援を実現させるうえで不可欠となる。

　その具体的なあり方は，各事例において描かれていた通りである。第3章で

は，教員を中心として，学校においていくつものチームが作られ，子どもや保護者のそれぞれのニーズに対応しようと試みていたし，それは一定程度成功していたようにうかがえる。第4章では，多文化共生相談ルームを中心として，外国にルーツをもつ子どもと保護者の多様なニーズに，行政，学校，市民団体が協働して，アクロバットな支援を行っていたように思われる。第5章では，行政の支援を受け，社会福祉士という専門家がかかわりながら，市民たちが協働して柔軟な支援をしつつあったし，学校ともゆるやかに連携を行っていた。第6章では，官と民とで互いの長所を生かしながら，目の前の子どものニーズに応答するための仕組みを即興的に創り上げながら，ネットワークを拡張していた。

　これらの事例で見られる多様なアクターの協働は，「のりしろ」型の支援と称されることがある（川松 2019，山野 2019）。それは，困難を抱える子どもへの支援を行う際に，どこまでをどの機関が行うべきかという支援機関の役割に関する線引きが難しいために，あるいは，ネットワーク型の支援の隙間からこぼれ落ちる子どもをなくすために，複数の機関が重なって支援できる「のりしろ」部分を設けながら，ともに動き融合しながら実践を作り上げていくものだという。これは，前項で述べた支援の複数性と重なり，子どもへの適切な支援を促進するとともに，アクター同士のケアをも行うものであると考えられる。つまり，「のりしろ」型の協働による支援だからこそ，失敗してもわからなくても各アクターは互いを励まし助け合うことができ，支援をしようとする思いや考えを緩めずに子どもやその保護者にどうにか寄り添い続けることができるのではないかと思われる。

　第二に，これら柔軟な支援を継続させる要因について述べる。一つは，後述するような，公的セクターあるいは公的部門のアクターによる，「ケア」の積極的な位置づけと「ケア」へのかかわりを挙げることができる。もう一つは，第3・5章で示されたように，他者への抑圧に配慮しつつ，無関心を払いのけ，子どもを育んでいこうとする市民の存在を挙げることができる。どちらの事例でも，市民たちは，困難を抱える子どもの将来や幸せを願い，責任と義務を分かち合って支援を行っているようであった。宮本（2009：65）は，社会的包摂とは，「再分配」と「承認」の総合として理解されるべきなのであり，それゆえに分断社会への処方箋となっていると述べる。ここで述べられている「再分配」とは，所得の再分配だけではなく，時間やエネルギーの再分配でもある。つまり，非困難層の時間や活力を困難層のケアにあてることで，排除されつつ

ある人々の包摂を試み，友愛の義務を果たすことができるものである。特に第5章はそうした人々の子どもへのかかわりを記述したものであった。

　ただし，市民に対して，そうした支援の責任や義務を強要してはならないし，それらの履行を同調圧力によって促してもならない。その理由として，第2章で触れたように，市民の責務の強化によって市民の自由の剥奪や監視社会の促進があってはならないということ，そして，困難を抱える子どもへのケアは専門的知識やスキルを要する場合が多いということが挙げられる。後者は，たとえば発達障害をもつ子どもへの支援からも示唆されている点であり，非専門家の担える支援領域と専門家の知見やスキルを要する支援領域があることに由来する（船曳 2018）。そのため，第5章でボランティアのシフトが組まれていたように，無理のない体制で支援体制の構築を進めることがこうした事業の展開を図る上で重要となる（山科醍醐こどものひろば編 2013）。

　加えて，こうした支援からの退出の自由を認めることが大切であるように思われる。第2章では，バウマン（2001＝2008）にもとづき，エリートの求めるコミュニティが退出自由な同一的な人々からなる拘束性のないものである点について批判的に論じたものの，本書の事例に鑑みると，支援にかかわる者の退出の自由がなければ，そもそも市民は支援から退避せざるを得ず，無関心にならざるを得ないのではないかとも考えられる。バウマンの述べるエリートと本書で述べる市民を同じように取り扱うべきではないが，退出の自由について論じておきたい。

　本書で取り扱われたいずれの事例においても，子どもや保護者への長期におよぶ支援が求められ，しかもその内容や程度に関して相応の時間やエネルギーや資源が必要とされていた。しかし，日本において市民がボランティアで他者への長期ケアに携わるのはおそらく難しい。というのも，世帯を単位とする福祉制度を構築し，家族内でのケアを自明視してきたのが日本社会だからだ（高端 2017）。すなわち，困難を抱える子どもと向き合う支援者は，自身の子どもの教育や親の介護をこなした上で，他者へのケアにあたらねばならない。仮に，支援者が他者へのケアを優先した場合，自身の家族へのケアがおろそかになり，たとえば自身の子どもが困難を抱えることとなる。政府や行政が共助を求めるのであれば，そうした足かせを外すための，みんながみんなのケアを行うといったシステムを整えねばならないはずだが，現状では見当たらない。

　そうだとすれば，なおさら市民に友愛の義務を強制せず，支援から自由に退

出できるようにすることが肝要となる。退出の自由は参入の障壁を低くするため、他者へのケアに無関心だった人でも相互支援のあるコミュニティへと足を運びやすくなる。コミュニティと貧困問題について論じるテイラー（2011＝2017：125）も、拘束的なコミュニティであればあるほど人々から回避され、社会の個別化を促すことになるため、「透過性のある場所」へと転換される必要があると述べている。また、市民の役割という点でも、第2章で述べたことに加え、いくつかの段階を想定しなければならないだろう。すなわち、困難を抱える子どもに、あるいはすべての子どもに関心をもつ第一段階、できる範囲でできるかかわりをする第二段階、関与のレベルを上げられる環境にある人はそれを上げていくという第三段階である。さらに、関与の方法も、直接的・間接的な多様なあり方を考慮していかなければならないだろう。

　第三に、子どもへの柔軟な支援においてまず重視されていたのは、衣・食・住にかかわる生活の基盤を安定させ、子どもの基本的欲求の充足を図ることであり、その上で多様な学びに向かえるよう個別のケアを行うことであった。支援者と子どもや保護者とのあたたかなつながりや信頼関係は、それらと並行する形で徐々につくられつつあった。ここからは、どの子どもにも最低限保障されるべき事項があり、その上で個別に支援すべき事項がある点が読み取れる。これは、第2章で述べたような、差異を尊重するがゆえに過酷な状況に置かれた人々を放置する多文化主義の誤用を避ける支援のあり方でもある。また、子どもの経験についての調査を行ったテスリッジ（2002＝2010）の見解を追認するものである。氏によると、子どもは他者と同じ水準のモノを与えられ、同じ水準の環境を整えられることによって、同じように振舞えるようになり、そのことによって安心や承認を得られ、さまざまな学びへと向かえるという。つまり、複合的困難を抱える子どもへの支援には、みんなと同じことをできるようにするための支援とその子なりの思いや考えを表出するための支援の双方が必要であると考えられる。

　こうした支援の重要性は、特別支援教育の分野でも重視されており、青山（2014）は、子どもへの共通支援に加えて、個々の子どもに応じたその子にとって意味のある個別支援の必要性について提起する。これは、第1章で述べたような、貧困、外国へのルーツ、LGBTといった何らかのマイノリティ集団への共通支援と、その上での困難と立場の複合性を捉えた個別支援の重要性を訴えるものとして解釈することもできる。

　この共通と個別を組み合わせた支援を行ううえで，公的セクターの役割は非常に大きかったし，その責任は重大なものであった。具体的に言えば，①ケアの過程への財政的，人的投資を行うのみならず，②ケアの過程で生じた追加のニーズにも規則・制度の整備や新規事業の展開によって対応することで，ケアの継続に向けた積極的なアプローチをとっていた。そのために，第3・4章では教員が，第5章では福祉専門家が，第6章では行政職員が，子どもの支援に積極的にかかわり，政策執行過程で市民と協働しようとする姿勢を示していた。そして，行政職員，あるいは公的セクターの職員が，子ども支援の現場に自ら赴き，あるいは，その実践に関与する仕組みを作り，市民との協働による支援のあり方を模索しようとしていた。このように，公的セクターの職員が，政策執行過程に直接関与し，ケアの意義や課題を把握するからこそ，次の手を打てていたように思われる。

　公的セクターのこうした機能は，ガバナンスを統治するメタ・ガバナンスに相当するものであると思われる。ガバナンスが求められる現在においても，公的セクターの役割が重要である点については第2章で述べたところであるが，そのあり方として，ガバナンスを包括的に統治するメタ・ガバナンスとしての役割が求められつつある（岩崎 2011，Jessop 2000）。それは，事例から述べると，多様な子どもたちのニーズの把握から，共通するニーズを見出し，それを共通の支援として実施するという，ボトムアップによる「公共性」の確立を促すものであり（齋藤 2000），そのための財的・人的・物的・その他の必要な手段を講じるというものであろう。そして，その責任を自らとるためにも，それらの政策執行過程に公的セクターの職員がメンバーとして加わり，ケアという指標化しにくい成果を把握し，その下支えをするというものであろう。

　本書の事例からは，こうしたメタ・ガバナンスの役割を担う基礎自治体の重要性が浮かび上がったように思われる。子どもの幸福を考える上では，子どもの生活圏での他者とのかかわりが重要である点について第2章で述べたが，その実質的な保障のためには，いずれの事例においても基礎自治体が重要な役割を果たしていたと言える。つまり，基礎自治体が，子どもの物質的・文化的支援を促すための具体的取り組みを進め，また，子どものつながりを醸成し分配するためのメタ・ガバナンスを行いつつあったと言える。

　こうした地域のメタ・ガバナンスにおける基礎自治体の役割の重要性は，これまでにも指摘されているところであるし（日高 2004），子どもの貧困対策に

おいても，次のように述べられている（山野 2019：272）。

> 公的責任（ここでは自治体の責任）を重視することは，いわゆる共助など
> の人のつながりを薄める危惧があると指摘されることがあるが，…（略）
> …それはあてはまらないことに気づかされる…（略）…自治体が主導して
> 地域づくりを進めていくことが必要とされているのではないか。公（自治
> 体）が積極的に乗り出す時がきているのである。

　ただし，このことは，国の役割が重要ではないと示しているものではない。
国家の社会政策の必要性は他国での研究から明らかにされている（テイラー
2011＝2017）。重要なのは，市民がガバナンスにかかわりながら，多様なレベル
の公的セクターがメタ・ガバナンスを行い，すべての子どもが生まれてきて幸
せだと思える社会づくりを進めていくことであるように思われる。本書ではガ
バナンスへの市民の関与やメタ・ガバナンスのあり方についてまで十分に議論
することができなかったが，これは，筆者らに残された課題であるとともに，
子どもの幸福保障にかかわる個別具体的な実践の中でも探求の必要なテーマだ
と言えるだろう。

　謝辞

　本書の作成にご協力いただいた皆様と出版に向けてご尽力いただいた山本博子
様に心より感謝申し上げます。なお，本書の刊行にあたっては2019年度立命館大
学学術図書出版推進プログラムによる助成を受けています。

文献

安部芳絵（2010）『子ども支援学研究の視座』学文社。

青山芳文（2014）「発達障害等のある子どもへの「指導」や「支援」」佛教大学『教職支援
　センター紀要』第5号，1-20頁。

Bauman, Z. (2001) *Community: Seeking Safety in an Insecure World*, Cambridge: Polity
　Press.（＝2008，奥井智之訳『コミュニティ——安全と自由の戦場』筑摩書房。）

船曳康子（2018）『MSPA（発達障害の要支援度評価尺度）の理解と活用』勁草書房。

古荘純一（2009）『日本の子どもの自尊感情はなぜ低いのか——児童精神科医の現場報告』
　光文社。

日高昭夫（2004）『地域のメタ・ガバナンスと基礎自治体の使命——自治基本条例・まち
　づくり基本条例の読み方』イマジン出版。

岩崎正洋（2011）『ガバナンス論の現在』勁草書房。

Jessop, B.（2000）"Governance Failure," in Stoker, G. *The New Politics of British Local Governance*, MacMillan, pp. 23-25.

川松亮（2019）「子ども虐待をめぐるソーシャルワーク――地域および社会的養護における支援」山野良一・湯澤直美『子どもの貧困⑤　支える・つながる――地域・自治体・国の役割と社会保障』明石書店，223-251頁。

Lister, R.（2004）*Poverty, Policy Press.*（＝2011，松本伊智朗監訳・立木勝訳『貧困とはなにか――概念・言説・ポリティクス』明石書店。）

宮本太郎（2009）『生活保障――排除しない社会へ』岩波書店。

西野博之（2006）『居場所のちから』教育資料出版会。

Ridge, T.（2002）*CHILDHOOD POVERTY AND SOCIAL EXCLUSION*, The Policy Press.（＝2010，中村好孝・松田洋介訳『子どもの貧困と社会的排除』桜井書店。）

Room, G.（2000）"Trajectories of social exclusion : the wider context for the third and first worlds," in Gordon and Townsend, *Breadline Europe: the Measurement of Poverty*, Bristol, UK: Policy Press, pp. 407-439.

齋藤純一（2000）『公共性』岩波書店。

佐々木宏・鳥山まどか編著（2019）『シリーズ子どもの貧困3　教える・学ぶ――教育に何ができるか』明石書店。

高端正幸（2017）「支え合いへの財政戦略」宮本太郎『転げ落ちない社会』勁草書房。

武井哲郎（2019）「ネットワーク型ガバナンスの展開とインクルーシブな学習社会の実現」『学習社会研究』第3号，pp. 95-105。

Ridge, T.（2002）*Childhood Poverty and Sosial Exclusion*, The Policy Press.（テス・リッジ著／中村好孝・松田洋介訳（2010）『子どもの貧困と社会的排除』桜井書店。）

Taylor, M.（2011）*Public Policy in the Community*, Palgrave Macmillan.（＝2017，牧里毎治・金川幸司監訳『コミュニティをエンパワメントするには何が必要か――行政との権力・公共性の共有』ミネルヴァ書房。）

山野良一（2019）「自治体における子どもの貧困対策を考える」山野良一・湯澤直美『子どもの貧困⑤　支える・つながる――地域・自治体・国の役割と社会保障』明石書店，255-285頁。

山科醍醐こどものひろば編（2013）『子どもたちとつくる貧困とひとりぼっちのないまち』かもがわ出版。

山下英三郎（2003）『スクールソーシャルワーク――学校における新たな子ども支援システム』学苑社。

幸重忠孝（2019）「子どもの居場所づくりとその実践（2）――高度経済成長期以降の流れ」山野良一・湯澤直美『子どもの貧困⑤　支える・つながる――地域・自治体・国の役割と社会保障』明石書店，179-196頁。

（柏木智子・武井哲郎）

《執筆者紹介》（＊は編著者，執筆順）

＊柏木智子（かしわぎ　ともこ）[はじめに，第2章，終章]
立命館大学産業社会学部准教授。大阪大学大学院人間科学研究科博士後期課程修了。博士（人間科学，大阪大学）。専門は，教育学。主な研究テーマは，子どもの貧困，学校と地域の連携。主な著書に，『子どもの貧困と「ケアする学校」づくり——カリキュラム・学習環境・地域との連携から考える』（明石書店，2020年），『子どもの貧困・不利・困難を越える学校——行政・地域と学校がつながって実現する子ども支援』（共編著，学事出版，2017年），『子どもの貧困対策と教育支援——より良い政策・連携・協働のために』（共著，明石書店，2017年）。

若槻　健（わかつき　けん）[第1章]
関西大学文学部教授。大阪大学大学院人間科学研究科博士後期課程修了。博士（人間科学，大阪大学）。専門は，教育社会学。人権教育の観点から学力格差の縮小と市民性教育のあり方について研究している。主な著書に，『未来を切り拓く市民性教育』（関西大学出版部，2014年），『学力格差に向き合う学校——経年調査からみえてきた学力変化とその要因』（共編著，明石書店，2019年），『「つながり」を生かした学校づくり』（共編著，東洋館出版，2017年）。

飯塚文子（いいづか　ふみこ）[第3章]
教職歴39年。小学校で，教諭24年，市教育委員会指導主事，教頭を経て，校長職を7年間務めた。さまざまな子どもや保護者への支援に携わってきた経験を生かし「子どもにとって楽しく，保護者にとって安心できる，地域にとって魅力のある，教職員にとって学びのある」一人ひとりを大切にした学校づくりに努める。

山田文乃（やまだ　あやの）[第4章]
教諭歴22年目。大阪市内の小学校で，多様な背景をもつ子どもに寄り添い，地域で学ぶ・地域を学ぶ教育実践に取り組んできた。在外教育施設で勤務した経験をもつ。教職大学院では多文化共生をテーマにした研究に取り組んだ。現在は，取り出しによる日本語指導が必要な子どもたちへの指導と，多文化共生教育相談ルームにおける相談業務を兼務している。大阪市小学校教育研究会国際理解教育部所属。社会福祉士。

＊武井哲郎（たけい　てつろう）[第5・6章，終章]
立命館大学経済学部准教授。2012年，東京大学大学院教育学研究科博士課程単位取得満期退学。博士（教育学，東京大学）。子どもの最善の利益を保障するため学校の「内」と「外」がどのように連携ないし協働すべきかに関心を持って研究を進めている。主な著書・論文に，『「開かれた学校」の功罪——ボランティアの参入と子どもの排除／包摂』（明石書店，2017年），「不登校児童生徒への対応にフリースクールが果たす役割の変容——行政との連携による影響に着目して」『日本教育行政学会年報』No. 42（2016年）。

上村文子（かみむら　あやこ）[第5章]
2011年より滋賀県スクールソーシャルワーカーとして困難を抱える子どもの支援に従事する。貧困や虐待，あるいは発達に関する困りごとなど，子どもを取り巻く課題の解決のために関係機関との連携を深めてきた。現在はスーパーバイザーとして，教職員への研修や保護者・地域住民に対する講演活動を行うとともに，県立高校等にも派遣されている。

貧困・外国人世帯の子どもへの包括的支援
──地域・学校・行政の挑戦──

2020年3月15日　初版第1刷発行
2021年6月15日　初版第2刷発行

＊定価はカバーに
　表示してあります

編著者　　　柏　木　智　子　Ⓒ
　　　　　　武　井　哲　郎

発行者　　　植　田　　　実

印刷者　　　藤　森　英　夫

発行所　株式会社　晃　洋　書　房

〒615-0026　京都市右京区西院北矢掛町7番地
電話　075（312）0788番代
振替口座　01040-6-32280

装丁　尾崎閑也　　　　　　印刷・製本　亜細亜印刷㈱
ISBN978-4-7710-3331-3